행복한 산승의 일기

행복한 산승의 일기

일수 지음 ─ 기억하시게, 그대 안의 참사람 ─

클리어마인드
CLEARMIND

책장을 열면서

계절을 가르는 비가 내린다. 이 비가 그치면 날은 또 그만큼 따뜻해지리라.

산승(山僧)이 살고 있는 이곳, 성북동 법천사. 뜨락의 잔디도, 산수유나무도, 앳된 풀들도 모두 비에 젖는다. 저 아래 마을의 집들도, 우람한 소나무도, 노랗게 활짝 핀 개나리도, 담장을 훌쩍 넘은 하얀 목련도 모두 젖는다. 젖은 길과 젖은 지붕들 위에 떨어지는 봄비 소리가 제법 드세다. 굵은 빗방울들이 지상에 낙하하면서 내는 소리의 하모니. 그 젖은 소리 속으로 무작정 따라 들어가다가 문득 고향 땅 해남의 넓은 집 마당이 보이고, 스물이 넘어 처음 출가한 대흥사도 보인다. 그리고 가열찼던 젊은 날들의 수행과 고뇌의 처소들, 고불총림 백양사, 가야산 해인사, 경주의 불국사, 영축산 통도사, 수좌들의 고향 봉암사, 아! 그리고 다시 운문암.

60여 년의 세월이 켜켜이 빗방울 하나하나에 맺히듯, 맺히고 다시 풀어져서 벌써 저만큼 흐른다. 여기에 실린 글들은 그런 내 기억의 편린(片鱗)이고 그런 삶의 흔적들이다.

출가하여 사문의 길을 걸은 지 어언 40년, 흔한 말로 강산이 네 번이나 바뀌었다. 절집 생활을 하면서 또 강원과 율원, 서슬 퍼런 선원 등에서 정진하면서 일어난 에피소드들, 어떤 때는 웃고 어떤 때는 슬퍼해야 했던, 인간의 표정들로 이 글은 채워져 있다.

돌이켜 보면 참으로 고마운 시절이었을 뿐이다. 관세음보살의 화신이신 할머니와 어머니, 문수보현의 화신이신 성철 큰스님, 서옹 큰스님, 월산 큰스님, 청화 큰스님 등등. 그리고 산승의 삶에 시간과 공간을 함께 공유하였던 모든 도반 스님들과 인연 있는 모든 불자님들, 그리고 글을 쓰는 데 많은 도움을 주신 함영주 불자님, 어찌 한 줄의 글로 그 고마움을 다 표현할 수 있으랴.

그저 부끄럽기 짝이 없는 산승의 넋두리를 훌륭한 책으로 엮어 주신 클리어마인드 출판사에 감사드린다. 이 글이 산승의 치부를 드러내어 세상에 또 하나의 누를 끼치는 것 같아 한사코 마다했으나, 이 글을 읽고 조금이라도 발심을 일으켜 새로운 삶의 의미를 되찾는 것도 좋을 것이라는 출판사의 권유를 재차 뿌리칠 수 없어서 부끄럽지만 세상에 내놓기로 용기를 내었다.

수행자로서의 삶, 불조(佛祖)와 스승의 은혜, 도반들의 은혜, 그리고 시주단월(施主檀越)의 은혜, 이 모든 연기의 관계성 속에서 한 호흡, 한 발걸음이 그대로 무아(無我)와 무주(無住)의 삶 그 연속이기를 바란다. 앞으로의 세월, 치열한 구도와 중생구제의 당위적 자비, 그 중도의 길을 고스란히 걷고 싶다. 살다 보면 여기저기에 좌충우돌 또 부딪히겠지만 그러나 가볍게 통통거리는 발걸음으로 남은 세월을 보내고 싶다.

빗줄기가 이젠 조금 가늘어졌다. 이 비가 그치면 날은 또 그만큼 따뜻해지리라!

2012년 초봄에

행복한 산승의 일기
차 . 례 .

책장을 열면서 ... 005

인연의 장

우연 같은 필연의 연기로 출가하다	... 015
두 여인의 사랑	... 021
혼자 이뤄내는 것은 없다	... 027
가야산의 호랑이, 성철 스님 뜨다	... 033
화두가 뭐꼬?	... 038
집착을 버리면 산다	... 043
두 도반과의 인연	... 048
있을 때 귀한 줄 알고 감사할 줄 알자	... 054
무엇이 옳고 그른가?	... 058
어른의 그늘이 좋은 이유	... 063
그냥 냅두라고요!	... 066
자존심과 하심의 상관관계	... 070
승부욕의 중도(中道)	... 074

깨달음의 장

알음알이와 깨달음의 경계	... 081
좀 더 공부해서 내려가면 안 될까?	... 086
태산 같은 스승의 바다 같은 사랑	... 091
선방 수좌들의 고향, 봉암사의 첫 기억	... 095
가장 순수하고 아름답던 시절	... 099
여물수록 고개를 숙이는 벼와 같이	... 105
두 눈 부릅뜨고 행복했던 날들	... 111
한시도 놓지 못한 꿈이 있더이다	... 118
서옹 큰스님과 운문암의 인연	... 121
가난했지만 반짝반짝 빛나는 시절	... 125
제자를 위로하고 달래 준 큰스님의 노래	... 131
시봉살이의 행복	... 138
진짜 문제는 무엇인가?	... 142

포교의 장

기억하시게, 그대 안의 참사람	... 151
원만하고 둥글게 연마하는 공부, 탁마	... 155
잃어버린, 잊어버린 '주인공'을 찾는 운동	... 162
자나 깨나 초심	... 168
하심과 원력을 행(行)으로 보인 청화 큰스님	... 172
다름을 하나와 전체로 아울러	... 178
그 스승에 그 제자	... 184
이유 같지 않은 이유	... 190
물음에도 예(禮)가 있다	... 195
귀와 눈이 아닌 마음을 열어라	... 199
두 스승을 떠나보낸 아자방(亞字房)	... 204
큰스님이 냉방에서 잠을 청할 수밖에 없었던 이유	... 211
산도 옮기는 원력과 협심으로	... 217
선방에도 형만한 아우는 없다	... 222
빈부 중생 속에 '밥값'에 대한 화두를 들다	... 228
선방 수좌의 좌충우돌 서울 상경기	... 233

우연 같은 필연의 연기로 출가하다
두 여인의 사랑
혼자 이뤄내는 것은 없다
가야산의 호랑이, 성철 스님 뜨다
화두가 뭐꼬?
집착을 버리면 산다
두 도반과의 인연
있을 때 귀한 줄 알고 감사할 줄 알자
무엇이 옳고 그른가?
어른의 그늘이 좋은 이유
그냥 냅두라고요!
자존심과 하심의 상관관계
승부욕의 중도

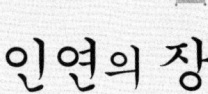
인연의 장

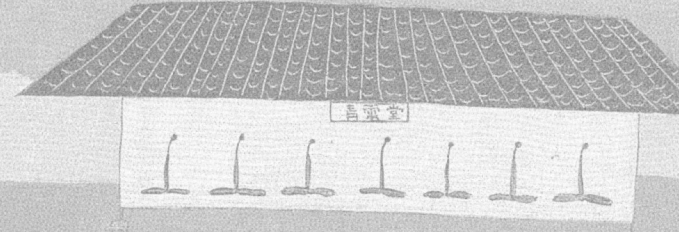

우연 같은 필연의
연기緣起로 출가하다

한겨울 매서운 추위를 이겨내고 푸른 옷을 갈아 입은 아카시아가 그 짙은 향기를 내뿜는 봄, 1973년 5월 어느 날 버스에서 만난 한 스님의 짐을 들어 주기 위해 따라 들어갔던 곳, 대흥사. 해남 촌부락에서 태어나 할머니와 어머니의 사랑 속에서만 지내다 난생 처음 발을 디딘 절에 대한 기억은 참으로 묘했다. 내 유년 시절의 전부를 차지했던 할머니의 사랑과 당신을 떠나보낸 이별에 대한 고통도, 할머니의 빈자리를 채워 주기 위해 늘 애썼던 모정에 대한 미안함과 안쓰러움도, 그저 탁 내려놓았다. 절이란 곳을 가 본 적도 없고 불교가 무엇인지도 모른 채 그저 알 수 없는 오묘한 평온함 때문에 출가를 했다. 23살 때의 일이다.

출가 동기치고는 어째 좀 시시하다. 부처님의 법을 따라 도를 닦겠다든가, 생사윤회의 고(苦)를 끊어보겠다든가 하는 그럴듯한 의지나 출리심도 없이 출가를 했으니 말이다. 하지만 필연 같은 작은 우연이, 혹은 우연 같은 작은 필연의 일들 속에서 삶은 한순간에 바뀌는 것인지도 모르겠다. 그때가 그러했다. 할머니에 대한 간절했던 그리움과 대농갓집에 시집와 일에 치여 살던 어머니에 대한 안타까움과, 그리고 늘 엄하기만 했던 아버지에 대한 반항심으로 집 밖을 나돌기만 했던 유년의 방황이, 그 벅찬 굴레가 그날로 끊어졌기 때문이다. 삭발한 머리를 찬물에 담글 때처럼 그제야 숨통이 트여 살 것 같았다.

출가는 내 삶의 가장 큰 터닝 포인트였다. 돌이켜보니, 그토록 큰 인연법도 우연 같은 작은 필연의 연기(緣起)로 일어난 것 같다. 할머니의 극진한 사랑이 없었더라면, 당신의 죽음으로 인한 이별로 극심한 고통을 겪지 않았더라면, 그리고 그날 밖으로 나돌며 방황하다 버스를 타지 않았더라면, 그 버스에서 한 스님을 만나지 않았더라면, 그 스님의 짐 보따리가 무겁지 않았더라면, 아마도 나는 대흥사에 갈 일이 없었을 것이다. 할머니와의 애별리고(愛別離苦)로 인한 가슴앓이와 방황이 없었더라면, 절에서 그토록 묘한 평온도 느끼지 못했을 일이다.

    대흥사에서 하룻밤을 보내게 된 것도 그러한 우연의 연속이었다. 절에서 돌아 나오기엔 이미 날이 저물었고 버스도 끊어진 상태였다. 하는 수 없이 절에서 하룻밤 신세를 져야 했는데, 방 사정이 여유롭지 않아 객실에서 수좌 스님과 함께 자게 됐다. 다소 불편하긴 했지만 싫지 않았다. 평야지대인 고향마을과는 달리 울창한 숲에 산짐승 우는 소리가 생소하고 두렵기도 했지만, 고즈넉하고 뭐라 말할 수 없는 평안함이 마냥 좋았다. 그래서 수좌 스님에게 출가를 하려면 어떻게 해야 하는지를 넌지시 물어보았다. 스님은 해인사로 가는 게 좋지만 확실한 마음은 아직 아닌 것 같으니 대흥사에서 먼저 행자로 살아 본 후 결정을 하라고 했다. 그리고 다음 날 아침, 원주 스님에게로 안내했다.

    원주 스님을 뵙고서 "나도 이곳에서 살 수 있냐"고 물어보았다. 스님은 공양간에서 공양주가 밥 짓는 걸 거들어보라고 했다. 그때는 행자가 무엇인지, 공양간이나 공양주가 무엇인지도 몰랐다. 모르긴 몰라도 당시 공양주를 하고 있던 행자 스님은 속으로 쾌재를

불렀을 것이다. 아무것도 모르는 신참이 들어왔으니 때는 이때다 싶었는지, 다음 날 내 의사와는 상관없이 삭발을 시키고 행자옷을 입혔다. 그리고 이틀 후 종무소로 줄행랑을 쳤다.

절 식구들의 끼니를 책임져야 하니 공양주는 그만큼 어렵고 막중한 책임이 있는 자리다. 부엌 근처에는 생전 가 본 적도 없고 절 살림에 대해서는 더욱이 무지렁이인 나는 그 자리가 얼마나 힘든 자리인지도 모른 채 엉겁결에 행자가 되고 동시에 공양주가 되었다.

그런데 무식하면 용감하다고 했던가. 부엌일이 나름에는 재미있게 보여 손이 가는 대로 물을 부어 밥을 지었다. 끼니때면 꼬박꼬박 밥을 챙겨먹기만 했지 밥을 직접 지어 본 적이 없었으니 물론 제대로 될 리가 없었다. 밥이 죽처럼 질거나 혹은 타버려서 삼층밥을 만들기 일쑤였다.

한두 번의 실수는 이해되지만 탄내가 진동하는 밥을 계속 먹어야 하는 사태에 이르자, 원주 스님이 꾸중을 했다. 급기야는 큰방에 불려가 어른 스님들께 야단을 맞았다.

"밥을 못 지으면 배워서라도 해야지 그렇게 신심 없이 할 거면 집으로 당장 돌아가시오."

그 후로는 동자승들까지 찾아와서 핀잔을 늘어놓았다.

"행자님, 밥을 그렇게 못하겠거든 돌아가세요."

동자승들은 아예 한술 더 떠, 행자 옷고름을 잘못 매거나 풀어지기라도 할 양이면 나를 따라다니면서 귀찮게 했다.

"행자님, 옷을 반듯하게 입어야지, 그렇게 잘못 입으면 되겠어요?"

그놈의 밥 때문에 원주 스님부터 사미승들, 어른 스님들, 급기야는 어린 동자들의 꾸중을 들으며 시집살이를 해야 했으니 그야말로 환장할 노릇이었다. 이제와 돌이켜보면 아름다운 시절이었지만, 그 당시에는 딱 죽고만 싶은 심정이었다. 해질 무렵이면 서러운 생각이 들어 행자고 공양주고 다 집어치우고 집으로 돌아갈까도 생각했지만, 하는 데까지는 해 보자고 마음을 먹고 견뎌갔다.

그렇게 하루 이틀을 보내고 한 달쯤 되어 가니 조금씩 익숙해졌다. 날마다 때맞춰 밥을 짓는다는 게 얼마나 어려운 일인지를, 공양주가 얼마나 중요한 소임인지를 그때 알았다.

풀벌레 소리도 산짐승 소리도 정겹게 들릴 만큼 절 생활이 익숙해지면서 차츰 수행자의 길로 들어섰다. 할머니에 대한 사무친 그리움과 엄격하기만 한 아버지에 대한 불만과, 고생만 하는 어머니에 대한 안쓰러움에서 비롯된 삶의 회의와 좌절이 내성적이고 여린

속에서 한없이 끓어오르며 숨통을 조이던 그때, 그러한 일련의 인연들로 인해 나는 구도자의 길로 들어섰다. 먹물 옷을 입고 화두를 든 이른바 '중'이 되었다.

두 여인의 사랑

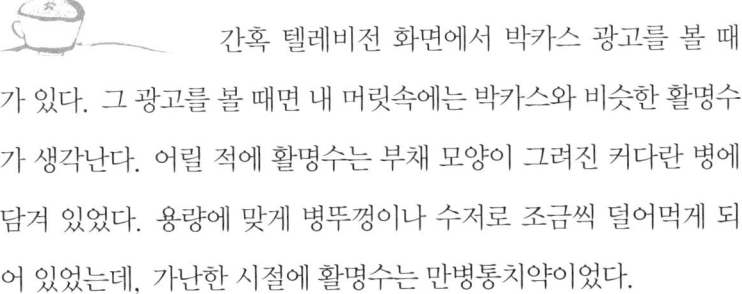　　간혹 텔레비전 화면에서 박카스 광고를 볼 때가 있다. 그 광고를 볼 때면 내 머릿속에는 박카스와 비슷한 활명수가 생각난다. 어릴 적에 활명수는 부채 모양이 그려진 커다란 병에 담겨 있었다. 용량에 맞게 병뚜껑이나 수저로 조금씩 덜어먹게 되어 있었는데, 가난한 시절에 활명수는 만병통치약이었다.

　그런 활명수는 내게 각별한 의미가 있다. 어머니가 준 용돈을 모아 해수병(咳嗽病)을 앓는 할머니를 위해 단골로 산 약이기 때문이다. 어린 나는 아마도 활명수가 할머니의 해수병을 낫게 하는 약이

라고 믿었던 모양이다.

할머니와 나의 관계는 특별했다. 당신은 내게 다양한 의미의 존재였다. 부모님을 대신한 보호자이기도 했고, 한 방을 쓰며 동고동락하는 친구이기도 했으며, 어머니보다 따뜻하고 포근한 제2의 어머니였다. 그리고 세상에 하나밖에 없는 나만의 할머니였다. 그런 할머니가 마냥 좋아 할머니의 늘어진 젖을 조몰락거리며 잠들곤 했다.

그리고 해수병으로 밤새 기침을 하시는 할머니 곁에서 등을 토닥여 드리기도 하고, 요강을 마련해 놓기도 하고, 더운 물이나 활명수를 챙겨드리곤 했다. 동네에 효자가 났다는 소문이 날만큼 할머니에 대한 나의 정은 각별하고 깊었다.

당신 곁을 항시 붙어 다니며 수발을 드는 어린 손자가 기특하기만 했던 할머니는 나를 자신보다 소중히 여겼다. 부모님 몰래 맛있는 음식이나 주전부리를 감추어 두었다가 학교에서 돌아온 내게 챙겨주곤 했는데, 한번은 당신을 위해 삶아 준 약닭을 장롱 속에 숨겨 두었다가 밤에 치마로 창문을 가리고 먹여 준 적도 있었다. 그리고 어머니에게 매 맞는 일이 있을 때면 당신을 매질하는 것과 똑같다며 말려 주곤 했다.

출가 수행자에게 지닌 불보살의 의미만큼이나 내 유년 시절의

할머니는 그러한 존재였다. 할머니는 나를 보호하고 지켜 주는 관세음보살과 다름없었다. 하지만 회자정리(會者定離)요 생자필멸(生者必滅)이라는 말이 있듯이, 무릇 생명 있는 것은 죽기 마련이고 만나면 헤어지기 마련인 법칙 앞에서는 누군들 예외가 없다. 아무리 애틋한 인연도 피해갈 수는 없는 법이라. 나와 할머니와의 인연도 죽음 앞에서는 도리가 없었다.

중학교 2학년 때, 할머니는 노환으로 돌아가셨다. 학교에서 집으로 돌아오는 내내 서럽게 울었다. 하늘이 노래지면서 억장이 무너지는 것만 같았다. 할머니의 시신을 보듬고 얼마나 울었는지, 보다 못한 아버지가 나를 떼어내느라 한참 동안 애를 먹었다.

그렇게 할머니를 떠나보낸 후 아무것도 할 수 없었다. 공부는커녕 학교에 가기조차 싫었다. 머릿속과 가슴속이 온통 할머니에 대한 생각뿐이었다. 걸핏하면 무덤에 찾아가 울다 잠들곤 했다. 활명수 병만 보아도 요강 단지만 보아도 할머니의 품이 너무나도 그리워 어떤 일도 집중할 수 없었다. 할머니가 떠나신 후 부모님을 대신해 채워 준 당신의 사랑을 더욱 실감할 수 있었다.

한동안 세월이 흘러도 할머니에 대한 애착과 그리움이 사라지지 않아 오랫동안 방황을 했다. 그토록 지독한 애별리고 속에서 사춘기를 맞이했다. 할머니가 떠난 빈자리를 채워 주기 위해 어머니는 내가 원하는 것은 무엇이든 들어 주었다. 전형적인 촌 아낙이자 부잣집 맏며느리였던 어머니는 아버지와 달리 정이 많은 분이었다. 집안일을 돕는 일꾼들에게도 그러했고, 그들의 뱃속을 챙기기 위해 밥을 늘 푸짐하게 짓고 막걸리를 담가 독에 쟁여 두곤 했다. 그러한 어머니에게 나는 필요한 모든 것을 부탁했다. 가령 용돈이 필요하거나 친구들과 군것질을 하고 싶거나 읍내에서 마음에 드는 옷이나 운동화를 발견할 때면 어머니에게 말하곤 했다.

출가 직전까지도 그렇게 어머니에게 모든 걸 의지하고 살았다. 그런 당신을 떠올릴 때면 너무 많은 빚을 진 생각에 마음이 무겁기까지 하다. 그 빚을 어찌 다 갚을까.

불교가 무엇인지도 모르는 유교 집안인데다 어머니의 울타리 속에서 방황만 하다 출가를 했으니, 어머니는 스님이 된 나를 안쓰럽고 부끄럽게 생각했다. 그래서 어머니를 만나기 위해 집에 갈 때는 밤에 다녀오곤 했는데, 승복 입은 내 모습이 싫었던 어머니는 한복을 지어 두었다 갈아입히곤 했다.

만날 때도 헤어질 때도 맨발로 뛰어나와 얼싸안고 울던 어머니. 당신이 먼 길을 떠나던 날, 해인사에서 우연찮게 바라본 밤하늘에

별이 반짝하고 빛을 내다 이내 사라졌다. '중물'이 들수록 세속과는 점점 멀어져 집에 발을 끊게 된 때였는데, 그 별을 보고 어머니가 돌아가신 걸 알았다.

  그 옛날 할머니처럼 어머니 또한 내게 한없는 사랑을 듬뿍 나눠 주고는 떠나갔다. 집 밖을 나돌기만 하다 엉겁결에 절에 들어가 출가한 지도 수십 년이 지났지만, 두 여인에 대한 애틋하고 아릿한 기억은 가슴 깊이 아로새겨져 좀처럼 바래지질 않는다. 무조건적인 사랑이 무엇인지를 알려 준 당신들의 사랑이 불보살의 가피와 어찌 다를까. 아무리 속세의 인연이라 한들 두 여인의 사랑을, 그 가피를 단 한 자락도 잊지 않고 기억하련다.

혼자 이뤄내는 것은 없다

출가를 하고 일곱 해가 지난 무렵이었다. 제주도의 한 절에서 지낼 때인데, 강원을 졸업한 사형 스님 한 분이 중이라면 강원생활은 필히 해 봐야 한다며 소위 잘난 척을 했다. 아마도 사제인 나를 강원에 보내기 위한 전략이었던 것 같다. 사형의 전략은 대번에 효과가 있었다. 사형의 말에 자극받은 나는 당장 짐 보따리를 챙겨들고 제주도에서 육지로 가는 밤배를 탔다. '강원은 뭐니뭐니해도 성철 스님이 계신 해인사가 최고'라는 사형의 말을 꼭꼭 새겨 넣고는 그렇게 해인사를 찾아갔다.

── 새벽 3시부터 시작되는 일상은 예불, 도량 청소, 경전 공부,
사시마지 챙기기, 강의 듣기 등 눈코뜰새 없이 바쁘다(해인사 강원 시절)

하지만 당시 대중교통이나 도로 사정은 형편없어, 여러 도시를 거치고 돌아 어렵사리 해인사가 있는 합천에 도착할 수 있었다. 합천에서도 해인사까지는 꽤 먼 거리라 밤중에야 겨우 도착할 수 있었다. 그때의 감회는 지금도 생생하다. 어두운 밤이었지만 해인사의 기운차고 웅장한 기상은 확실히 남달랐다. 객실에서 하룻밤을 보내고 다음 날 아침 해인사를 둘러보는데, 세상에 이런 곳이 있나 싶을 정도로 감동이 밀려오면서 환희심과 신심(信心)이 저절로 일어났다.

강원에 입교하기 위해서는 한동안 공양간 일을 도우면서 팔만대장경이 보관된 장경각을 지키는 '야경'이라는 소임을 살아야 했다. 드디어 3개월의 예비절차를 거친 후, 말로만 듣던 강원에 입학하게 됐다. 강원생활에 익숙해지기까지 처음 얼마 동안은 몸과 마음이 쉴 새 없이 바빴다. 새벽 3시부터 시작되는 일상은 예불에서부터 도량 청소, 경전 외우기, 사시마지 챙기기, 강의 듣기 등으로 그야말로 화장실에 갈 여유조차 없이 지나갔다.

규율은 얼마나 엄한지 작은 실수도 용납되지 않아, 누구 한 사람이 잘못하기라도 하면 여지없이 상급 선배들의 기합을 받아야 했다. 걸핏하면 죽비로 양 어깨를 수십 대씩 맞곤 했는데, 절에서는 그렇게 벌을 주거나 꾸지람을 하는 것을 '경책'이라고 한다. 그런데 해인사의 규율과 경책이라는 것은 군대의 기강과 군기보다도 엄했다. 내성적이고 소심했던 내가 그러한 강원생활을 무사히 마칠 수 있었던 것은 부처님의 가피가 아니고서는 불가능한 일이었는지도 모른다.

하지만 속가든 승가든 각양각색의 대중이 모여 사는 곳에서는, 웃지 못할 일과 재미있는 추억들이 생겨나기 마련이다. 물론 그 당시에는 알 수 없지만, 세월이 조금만 흘러 돌아보면 지나간 순간순간이 얼마나 아름답고 소중하고 의미가 있었는지를 알게 된다. 내게 강원생활은 그러했다. 한창 혈기 왕성하고 개성 강하고 번민과 말썽도 많을 나이의 스님들이 모여 산다면 알만도 하지 않은가.

먹고살기 힘든 시절에는 밥을 양껏 먹는 것도 경책의 대상이라, 주지 스님은 늘 밥 많이 먹는 사람은 강원에 방부(입교)를 들이지도 말고 쫓아내라는 말을 달고 살았다. 하지만 그만한 잔소리로는 돌도 씹어 삼킬 나이의 스님들의 배를 잠재우기에는 역부족이다. 틈만 나면 먹을거리에 대한 사건사고가 벌어졌다.

당시 큰절에서는 매달 열나흗날과 그믐날을 삭발일로 정해서 스님들 전체가 삭발을 하고 목욕하는 날이 있었는데, 그런 특별한 날에는 더욱이 그냥 넘어갈 리가 없었다. 한번은 삭발일에 대중공양할 영양식으로 전날 행자들이 두부를 만들어 놓았는데, 다음 날 그 많던 두부가 감쪽같이 사라져 버린 사건이 발생했다.

산중의 모든 대중이 함께 먹을 일용할 양식이 사라졌으니 절이 난리가 났다. 물증은 없지만 심증으로는 누구의 소행인지를 뻔히 알만한지라, 주지 스님은 일명 '대중공사'를 붙여 큰스님들 이하 어른 스님들을 모신 자리에서 범인의 자백을 밝혀내고 경책을 했다. 범인은 예상대로 강원의 학승들이었다. 저녁에 공부를 하다 배가 고프다 보니 이른바 '두부 탈환작전'을 벌인 것이다.

그렇게 말도 많고 탈도 많은 생활 속에서도 대중의 협심이 필요할 때는 강원을 비롯해 선방 스님들까지 내려와 똘똘 뭉쳤다. 일 년에 한 번 김장을 해야 할 때는 특히 그러했다. 절에서는 힘을 모아 일하는 것을 '울력'이라고 하는데, 이른바 '김장울력'을 할 때는 산중의 모든 스님들이 마음과 노동력을 하나로 모아 협심을 하곤 했다. 말하자면 울력은 대중의 화합을 이끌어 내고 엮는 방편이기도 했다.

초파일 때는 물론이고, 매년 3월과 9월에 있는 불사의 날에는 수많은 손님들이 절을 찾아왔는데, 그때도 울력을 통해 그 많은 손님들을 거뜬히 치를 수 있었다. 제아무리 어렵고 벅찬 일도 그처럼 각자 맡은 소임에 충실하면서 협력을 하게 되면 수월히 굴러간다.

공양간 복이 많았던지, 울력을 해야 하는 날이면 내 담당은 주로 쌀을 씻거나 밥을 짓는 일이었다. 하루에 수십 가마니의 쌀을 씻고 밥을 짓기란 보통 고된 일이 아니었지만, 그날만큼은 화두를 든 것보다도, 다리를 틀고 앉아 있는 것보다도 소중한 깨달음을 얻었던 것 같다. 세상일은 결코 혼자 이루어내는 게 없다는 깨달음을.

가야산의 호랑이,
성철 스님 뜨다

출가 수행자로서 큰 어른들을 모시는데 나만한 복을 타고난 중도 드물 것이다. 해인사에서 강원생활을 했던 시절은 특히 그러했다. 당시에는 혜암 스님을 비롯해 일타 스님, 자운 스님, 도성 스님, 도견 스님 등 이른바 불교계의 어른으로 존경받는 큰스님들이 살고 계셨다.

한편 해인사 암자인 백련암에서는 성철 스님이 한창 선풍을 드날리던 때였는지라, '출가를 하려면 해인사로 가라'는 말이 떠돈 데에는 그만한 이유가 있었다. 그러한 시절에 그토록 어른들을 모시고 학승으로서 공부를 할 수 있었던 것은 그야말로 큰 복이 아닐 수 없다.

일반인들에게도 유명한 성철 스님은 '해인사의 호랑이'라고 할 만큼 기백이 넘치셨다. 법문을 하기 위해 큰절에 내려온 스님을 처음 뵈었던 날, 그 기에 눌려 호랑이처럼 부리부리한 그의 눈을 감히 쳐다볼 엄두도 내지 못했다. 그만큼 기예한 위엄과 기품을 갖춘 어른이었다. 하지만 성철 스님의 법문 시간은 늘 아쉬움으로 남았다. 초발심이 성성해 공부에 대한 열의가 가득한 때였는데, 글의 뜻은 제쳐 두고 머릿속에 글을 새겨 넣는 데 급급한 초보 학인에게 스님의 법문은 너무 어려웠다. 게다가 말씀은 어찌나 빠르고 사투리가 심하셨는지 이래저래 내용을 이해하는 것은 아예 포기한 채, 그저 성철 스님을 뵙는 자체가 법문이겠거니 생각하며 앉아 있곤 했다.

아쉬운 것은 그뿐만이 아니었다. 학승으로서 불교공부에 한창 발심이 날 때는 여러 책을 읽고 싶은 게 당연지사인데, 성철 스님은 경전 이외의 책은 일절 보지 못하게 했다. 흡연을 하던 사람이 담배를 끊으면 금단현상으로 애를 먹는다고 하는데, 그 시절의 내가 그랬던 거 같다. 강원과 율원에서 생활하던 6년 동안은 독서에 대한 미련과 아쉬움을 쉽게 떨쳐내지 못해 무척 애를 먹었다.

흔히들 생각하기를, 자기가 전공하는 분야에 관해 지식을 넓히고 아는 것이 많아지면 공부가 더 잘되고 효과가 있을 것으로 기대하지만, 불교공부는 그와는 다른 데가 있다. 불교공부는 무엇보다 수행이 우선시 되어야 한다. 낮이나 밤이나 항상 깨어 화두에 대한 일념 하나로 온 정신을 쏟아야 하고, 그렇게 몸으로 체득해가는 공부가 바로 수행이다.

그러니 머릿속에 책에서 얻은 지식과 알음알이가 커지면 도움은커녕 방해를 받기 십상이다. 『지금 알고 있는 걸 그때도 알았더라면』이라는 시집의 제목처럼 그러한 이치를 그때도 알았더라면, 책 금지령이 떨어진 학인시절에 책이 고파 겪는 금단현상쯤은 쉽게 이겨낼 수 있었을 것이다.

남다른 기예도 그러했지만, 성철 스님을 해인사의 호랑이라고 할 만한 또 다른 이유가 있다. 스님은 출가 수행자들에게 무척이나 엄하셨다. 강원의 학인들이나 선방 스님들 같은 이판(理判)은 물론, 절의 행정업무를 담당하는 스님들인 사판(事判)도 조금이라도 공부를 게을리 하는 것을 결코 용납하지 않았다.

그러한 연유로 성철 스님은 불시에 백련암에서 내려와 절 구석구석을 돌곤 하셨는데, 그때 행여 거드름을 피우거나 수행자로서 흐트러진 모습이 발각될 때는 그야말로 비 오는 날 먼지가 날릴 정도로 맞아야 했다.

그와 관련된 일화가 있다. 그날도 성철 스님의 불시검문이 있는 날이었는데, 나를 비롯한 강원 학인들 몇몇이 지대방에 모여 담소를 나누다 잠깐 잠이 들었다. 그런데 갑자기 어디선가 "이놈의 새끼들! 이런 밥 도둑놈들이 있나!" 하는 욕지거리와 함께 몽둥이가 날아왔다. 눈을 떠 보니 해인사 호랑이가 출동한 것이다. 낮잠을 자다 날벼락을 맞았으니 순간 아수라장이 되며 난리가 난 것은 당연지사다. 제각각 걸음아 날 살려라 싶은 심정으로 도망을 치다가, 어떤 도반은 지대방의 문짝을 껴안고 넘어지기도 하고, 나는 제 발에 걸려 뜰로 나뒹굴고 말았다.

그런데 시력이 나쁜 도반 하나는 더욱 운이 나빴다. 안경을 벗어 놓고 곤히 잠든 바람에 사태를 금세 파악하지 못한 것이다. 성철 스님의 호령에도 정신을 차리지 못하고 "아이, 장난치지 마!" 하고 손사래를 치며 되레 짜증을 내다 된통 걸리고 말았다. 그날 뜰에 자빠진 채로 들어야 했던 도반의 몽둥이찜질 소리는 아직도 귓가에 생생하다. 그러한 소동이 한바탕 일면, 한동안은 찬물을 끼얹은 것처럼 정신이 번쩍 든다. 어른 스님이 한번 지나간 자리에는 그처럼 큰 여운과 회오리바람이 인다.

　사실 스님들은 신도들의 보시에 의지해 살아가는 거지라고 할 수 있다. 그래서 스님들을 일컬어 조금은 그럴 듯한 말로 '걸사(乞士)'라고도 한다. 그런데 신도들의 피땀 어린 보시물을 당연한 듯 쓰면서 수행을 게을리 한다면 되레 출가를 안 하느니만 못한 꼴이 된다. 그래서 불가에서는 수행을 게을리 한 스님은 다음 생에 신도의 집에 소로 태어난다는 말도 있다. 평생 그 집안 식구들을 위해 일하는 것으로 그 업을 갚는 것이다. 그러기에 성철 스님이 걸핏하면 '밥 도둑놈들'이라고 호령한 데에는 그만한 뜻이 있었다.

　생사문제를 해결하고자 출가한 이들이 되레 밥도둑들이 될까 노심초사해, 불시에 몽둥이를 들고 나타나곤 하셨던 성철 스님. 그 어른을 떠올릴 때면, 행여 내가 나도 모르는 사이 나태해져 밥도둑으로 살아가고 있는 건 아닌가 싶어 뒤를 돌아보게 된다. 그가 지나가며 일으킨 회오리바람은 아직도 내 안에 그렇게 남아 나를 긴장시킨다. 그래서 해인사 호랑이의 거침없는 몽둥이찜질이 가끔 그리워진다.

화두가 뭐꼬?

성철 스님을 떠올릴 때면 '삼천배'와 '마삼근'이라는 화두에 대한 기억 또한 잊을 수 없다. 어느 날, 강원의 스님들 전체가 성철 스님의 부름을 받게 되었다. 그가 머물고 있는 백련암에서 화두를 받아가라는 전갈이 온 것이다. 하지만 그 전에 거쳐야 할 절차가 있었다. 법당에서 삼천배를 올리는 것이다.

절하는 것이 어느 정도 숙달된 사람은 여덟 시간 정도면 빠르지 않은 속도로 삼천배를 할 수 있다. 하지만 절에 익숙하지 않는 경우에는 스님일지라도 삼천배를 하는 게 보통 일은 아니다. 하지만 성철 스님께 화두를 받는 것은 영광된 일이 아닐 수 없기에, 소금물을 만들어 병에 담아서는 도반들과 함께 기쁜 마음으로 법당에 올라갔다. 절을 하다 갈증이 나면 소금물로 입을 축여가며 그렇게 여덟 시간 만에 삼천배를 마쳤다. 하지만 법당 계단을 내려올 때의 상황은 올라갈 때와 전혀 달랐다. 다리가 후들거려 한 계단 한 계단 내려오기가 그야말로 고역이었고, 몇몇 도반들은 여기저기에 푹푹 쓰러졌다.

그러한 과정을 거친 후, 드디어 화두를 받기 위해 백련암으로 향했다. 삼천배를 모두 마쳤는지를 확인한 성철 스님은 시자 스님에게 학인들의 숫자에 맞게 화두공안이 적힌 종이를 내오도록 했다. 각자 한 장씩 받아들고 백련암을 내려오는 길에 옆의 도반은 무슨 화두를 받았는지 궁금해서 넌지시 물어보았다.

"나는 '마삼근'이라는 화두를 받았네. 자네는?"

"어! 나도 '마삼근'인데……."

서로 같은 화두를 받은 것이 의아스러워 다른 도반들에게도 물어보니 그들 또한 '마삼근'이라는 화두를 받았다고 했다. 도반 모두가 똑같은 화두를 받은 걸 안 순간, 은근히 부아가 났다.

"도인이 말야 잉, 화두를 주시려거든 각자 근기에 맞는 화두를

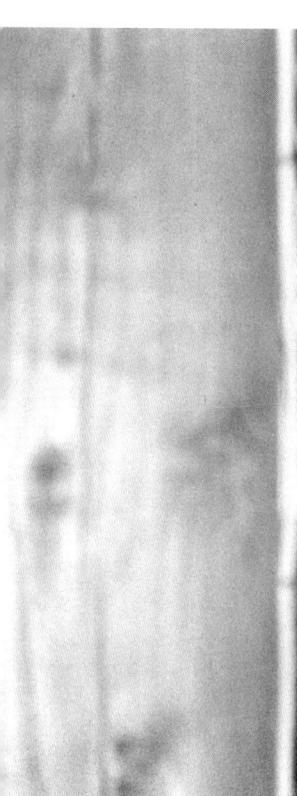

주셔야지 이게 뭐람."

"화두가 '마삼근' 하나만 있는 것도 아니고, '이뭐꼬'나 '무(無)' 자 화두도 있고 '본래면목' 같은 것도 있고, 무려 천칠백 가지의 공안이 있지 않던가! 그런데 어째서 스님은 하나같이 똑같은 화두를 준단 말인가!"

너무나 실망한 나머지 산바람이 휘익 지나가는 순간, 화두가 적힌 종이를 미련도 없이 날려버렸다.

그때 일을 한 번씩 회상할 때면, 참 철없던 시절이라 슬그머니 웃음도 나고 부끄러워지곤 한다. 화두가 '마삼근'이 아니라 '당근삼근'이든 '무삼근'이든 혹은 '배추삼백포기'가 될지언정, 중요한 것은 글이나 말 자체에 있는 게 아니다. 글이나 말은 소통을 위한 약속이며 수단일 뿐이고, 화두공안은 그러한 의미도 넘어서 있다. 그러기에 글자 그대로를 놓고 보면 순 엉터리로 여겨진다. 하지만 그것은 구도(求道)를 위해 어두운 길을 가는 자에게 없어서는 안 될 중요한 도구가 된다. 불빛도 되고 나침반도 되고 지팡이도 되어 주는, 요긴하지만 그렇다고 전부는 아닌 필수품인 것이다.

사실 수행은 출가 수행자들의 전유물이 아니다. 출가를 하지 않는 속인들도 마음만 있으면 일상에서도 얼마든 수행을 할 수 있다.

그렇다면 그들의 삶에 긴하고 유용한 화두로는 무엇이 좋을까? '마삼근'보다 어렵지 않고 적합한 화두로 제안하고 싶은 것이 있다. 바로 '참사람'이라는 화두다. 자기 안에 내재된 불성(佛性), 즉 부처님과 같은 모습인 참사람을 발견하여 우리가 '하나'라는 사실을 깨닫는 것이다.

그래서 가족과 이웃, 좀 더 넓게는 타인과 생명 있는 모든 것들에 대한 사랑을 발현하는 것이다. 그와 같은 무차별적인 사랑, 자비의 마음을 끊임없이 일으키며 살아가는 것만큼 중요한 화두가 또 있겠는가!

집착을 버리면 산다

가끔 시한부 인생을 선고받고 죽음을 맞기 위해 산에 들어간 사람이 감쪽같이 나아 돌아오는 경우가 있다. 그러면 사람들은 그 사람이 무얼 먹고 그러한 기적을 일으켰는지 궁금해 한다. 그래서 된장이 암을 없앤다더라, 산나물을 캐먹어 그렇다더라 하는 등등의 말이 돌곤 한다. 하지만 모르긴 몰라도 그의 식생활보다 더 큰 비결이 있었을 것이다.

이순신 장군이 왜병과의 전투를 앞두고 외친 말이 있지 않은가.

"살고자 하면 죽을 것이요, 죽고자 하면 살 것이다."

그 마음이 혹 기적을 일으키는 명약은 아니었을까? 물론 좋은 공기를 마시고 오염되지 않은 음식을 먹은 것도 병을 낫는 데 한몫했을 테지만, 무엇보다 큰 비결은 바로 그러한 각오였을 것이다.

내게도 그와 비슷한 경험이 있다. 해인사에서 강원생활 4년과 율원생활 1년을 마친 후였다. 서울 안암동 보타사에 잠시 머물 때였는데, 불교를 학문적으로 공부하고 싶은 욕심이 생겨 일본에 유학을 가고자 했다. 오사카에 보현사라는 한국 절이 있어 유학생활을 하는 데 큰 부담이나 어려움은 없었다.

그런데 문제는 감기였다. 한번 걸린 감기가 당최 떨어질 생각을 않는 것이다. 처음엔 '오염된 도시생활을 하다 보니 그런가 보다'라고 우습게 여겼는데, 한 달이 지나고 두 달이 돼가도 나아질 기미가 보이지 않았다. 아무래도 폐가 약해 그런가 싶어 보건소에서 폐사진을 찍어 보니 결핵이라는 진단이 나왔다.

보건소에서 주는 결핵약을 한 보따리 받아들고 나오는데 사형선고를 받은 것처럼 참담했다. 당시 결핵은 요즘의 불치병처럼 완치되기 힘든 큰 병에 속했다. 약은 얼마나 독하던지, 하루에 한 번만 먹는 데도 몸이 누에처럼 시들시들해지면서 책의 글자가 보이지 않을 정도로 정신이 없었다. 나름에는 계율을 잘 지키고자 고기나 기름기가 있는 음식은 전혀 입에 대지도 않았던 때라, 그 때문에 몸이 독한 약성을 더욱 견뎌내지 못했다.

예상치 못한 위기와 좌절로 유학은커녕 삶에 대한 회의와 포기가 일어났다. 학문은 고사하고 인생을 마감할 생각에 결핵약을 화장실에 몽땅 던져버렸다. 그리고 그 길로 오대산 적멸보궁에 올라가 일주일간 참회기도를 하며 한없이 눈물을 쏟아냈다. 그러다 보니 출가자라면 적어도 참선을 하다 죽음을 맞아야 하는 게 아닌가 싶은 생각이 들었다. 그래서 해인사로 내려가 선방에 방부를 들였다. 죽음에 대한 문제는 그렇게 내게 참선에 대한 발심을 일으키게 하고 선방으로 길을 이끌었다.

출가 수행자로서 생을 잘 마감하기 위해 선방에 들어갔으니 나름에는 결의가 컸다. 게다가 해인사 어른인 혜암 스님과 법전 스님과 한방에 살다 보니 그 영향을 받아 더욱 부지런히 참선을 했다.

밤에도 잠을 자지 않고 정진하거나, 자더라도 좌복에 앉은 채 잠을 자며 수행하는 것을 '장좌불와(長坐不臥)'라고 하는데, 그때 한 수좌가 장좌불와를 하고 있었다. 죽음을 앞둔 마당에 장좌불와인들 못할 게 있을까 싶어 나도 그를 따라 정진했다. 그런데 참선공부가 몸에 익지도 않은 상태로 밤새 정진을 하려니, 새벽녘이 되면 화두는커녕 내가 앉아 있는 곳이 어디인지 분간도 할 수 없을 지경으로 정신이 혼미해졌다.

죽음 앞에 발심을 했으니 꺼릴 게 없이 덤벼들었지만, 공부는 선배나 스승의 지도가 없으면 어렵다는 걸 그때 알게 되었다. 낯선 길을 무턱대고 가다 보면 곧 길을 잃어버리지만, 그 길을 앞서 걸어 본 사람이 곁에 있다면 제 길을 찾아가기 쉬운 것과 같은 이치다.

비록 공부는 마음만큼 되지 않았지만 건강은 놀랍도록 회복돼 있었다. 죽고자 들어간 곳에서 산 것이다. 그러한 원인으로는 선방의 규칙적인 생활과 맑은 공기 탓도 있었을 테고 음식 탓도 있었을 것이다. 큰절에 살 땐 시어터진 김치에 된장국이 전부였고 튀긴 누룽지나 어쩌다 천도재라도 들어오면 사과 반쪽 나눠 먹는 게 최상의 간식이었지만, 선방에는 음식 사정이 다른 곳에 비해서 좀더 좋았다. 주전부리도 남달라 땅콩과 호도 같은 견과류도 맛볼 수 있었다.

수행자에게 음식은 약과 다름없다는 것도 그때 알았다. 내 경우를 비추어 보면, 어느 정도의 기름기가 몸에 필요한데도 불구하고 계율을 지키려는 집착 때문에 음식을 소홀히 해 건강을 망쳤다. 물론 수행자로서 올바른 길을 가려면 계율은 꼭 필요하다. 하지만 집착 없이 행하는 것이 무엇보다 중요하다.

선방생활 속에서 나를 옮아매고 있던 집착을 털어버리고 나니, 건강은 물론 정신과 사고도 한층 넓어지고 평안해졌다. 학문에 대한 욕망도 저절로 사라져, 이날까지 화두 하나 붙든 수행자로 자유롭게 살아올 수 있었다.

　결국 모든 문제는 집착에서 비롯된다. 그러니 해결책은 그것을 놓아버리는 것이다. 죽고자 했는데 살게 된 것도 그와 같은 명약 때문이 아니었을까?

두 도반과의 인연

 출가자들은 친구를 일컬어 '도반'이라고 한다. 하지만 도반이란 부처님의 한 제자로 함께 도를 닦는 벗을 뜻하기에 친구 이상의 의미가 있다. 길을 가다 힘든 어려움을 탁 풀어놓고 기댈 수 있는 언덕도 되어 주고, 발걸음이 무거워질 때면 어깨동무를 해 그 무게를 나눠 갖기도 한다. 그러니 사실 도반 없이 한평생을 수행자로 살아간다는 건 불가능한 일일는지도 모른다.

내게 종묵 스님과 원소 스님은 그러한 도반들이다. 해인사 강원에서 처음 만나 수십 년이 지난 오늘까지도 그 시절과 다름없는 우정을 나누고 있다. 출가 후 처음으로 도반이라는 관계를 맺고, 출가 후 처음으로 만행을 함께 떠난 도반들이기에 두 스님은 내게 각별할 수밖에 없다.

강원 방학을 맞아 두 도반과 제주도로 떠난 만행은 배에서 막 잡아 올린 활어마냥 아직도 내 기억에 팔딱팔딱 살아 있다. 바랑을 하나씩 짊어지고 서귀포로 한라산으로 함께 떠돌던 기억은, 마치 청풍(淸風)당 툇마루에라도 걸터앉아 싱그러운 6월의 바람을 맞는 느낌이다. 강원을 졸업하고 선방에서 정진할 때도, 종묵 스님이 일본에서 박사학위를 받던 날도 우리 셋은 함께 했다.

그런데 한마디로 '젠틀맨'이라고 할 수 있는 종묵 스님과는 부끄럽기 짝이 없는 일화가 하나 있다. 해인사에서 장경각 안내를 맡은 적이 있었는데, 여러 사람을 상대하는 소임을 살다 보니 한동안 소위 '팬레터'라는 걸 받게 되었다. 그런데 그중 짓궂은 한 학생의 편지 내용에 '애무'라는 단어가 쓰여 있었다. 성적(性的) 문제에 대해 전혀 무지하고 순진하기 짝이 없던 때라, 옆 도반인 종묵 스님에게 슬쩍 물어보았다.

"스님, 애무라는 말이 대체 뭐요?"

종묵 스님은 아무 말 없이 그저 빙그레 웃기만 했다. 세월이 얼마간 흘러 그 뜻을 알고서야 그 웃음의 의미를 알 수 있었다. 그토록 순진하고 어리석은 내 자신이 얼마나 부끄럽고 낯이 뜨겁던지 피식피식 웃음만 나왔다. 그나마 친한 도반에게 물어보았으니 망정이지, 다른 이에게 "애무가 뭡니까?"라고 물었다면 자칫 오해를 사거나 기함할 일이었을 것이다. 철없는 도반의 질문에 그저 미소만 흘리던 종묵 스님에게 한동안 겸연쩍으면서도 고마운 마음이 들었다. 도반을 아끼고 배려한 나름의 깊은 속을 알 수 있는 계기였다.

한편 완벽주의자인 원소 스님은 강원을 거쳐 율원에서도 함께 공부한 도반이기에 그 정이 남다르다. 원소 스님은 하루일과를 시계바늘처럼 정확하게 살아가는 사람이다. 가령 책을 읽더라도 하루 몇 페이지 분량을 정해 놓고 읽고, 포행을 가도 정해진 시간에 가곤 한다. 그토록 철저한 수행자로 살다 보니, 한때는 그의 규칙적인 생활방식을 따라가기 위해 애를 먹기도 했다.

지금도 세 사람이 만날 때면 종묵 스님과 나는 "오늘은 원소 스님에게 무슨 고문을 당할까?"라며 걱정 반 기대 반의 우스갯소리를 하곤 한다. 하지만 한편으로는 그러한 면이 부럽고 존경하지 않을 수 없다. 주도면밀하고 규칙적이고 흐트러짐 없는 자세는 수행자로서 여간 장점이 아닐 수 없기 때문이다. 그래서 셋이 만나 무슨

__ 종묵 스님, 원소 스님과 함께

일을 할 때면 예나 지금이나 총대는 주로 원소 스님이 메고, 종묵 스님과 나는 그 뒤를 따르곤 한다.

그렇게 서로의 성품을 잘 이해하고 존중하고 수용한 덕에 우리는 단 한 번도 의가 상한 적이 없었다. 그리고 각자의 자리에서 묵묵히 노력하며 수행자의 길을 걸어왔다. 두 스님은 대학 강단에서 학생들을 지도하는 학자로서의 길을 걸어왔고, 나는 나대로 선방 생활을 고집하며 선(禪)을 지도하는 선원장의 삶을 살아왔다. 그리고 환갑이 넘도록 20대 청춘의 우정을 고스란히 나누며, 수행에 대한 이야기를 비롯해 불교가 나아가야 할 길과 회향할 길에 대해 함께 고민하고 토론하며 나이를 먹어가고 있다.

점잖고 속 깊은 종묵 스님과 수행자로서 완벽하고자 노력하는 원소 스님, 그리고 다혈질적이고 급하고 직선적인 나. 이렇게 각자 개성과 성품이 다른 세 사람이 한 시절에 만나 오랜 세월 변함없는 우정을 나눈다는 것은 여간 감사한 일이 아닐 수 없다.

인연이란 무엇일까? 부모와 형제간의 정까지 끊어내고 출가한 수행자들에게 인연은 과연 어떤 의미일까? 분명한 건, 인연이란 끊는다고 끊어지는 것도 아니고 맺으려 한다고 해서 맺어지는 것도 아니라는 것이다. 그러기에 인연은 승속(僧俗)을 불문하고 더없이 소중한 것이다.

　만약 당신 곁에 누군가 함께하는 이가 있다면, 당신은 그것만으로도 행복한 사람이다. 더구나 한두 세월도 아니고 수십 년을 함께 걸어온 도반이 있다는 것은 큰 행운과 행복이 아닐 수 없다.

　올해는 누구보다 귀한 그들과 함께, 몇 년 전부터 계획만 했던 제주도 올레길을 다녀오련다. 그 옛날처럼 바랑을 하나씩 짊어지고 '깐깐이' 원소 스님을 앞세우고는, 종묵 스님과 그 뒤를 따르며 "이번에도 얼마나 우리를 고문할까?"라고 구시렁대며 말이다.

있을 때 귀한 줄 알고
감사할 줄 알자

　누구나 살다 보면 인생의 쓴맛을 보기 마련이다. 선방생활 초창기 무렵, 나는 내 삶에서 가장 큰 쓴맛을 보았다. 예상치 못한 결핵과 선방생활로 시련의 한 고비를 넘기긴 했지만, 그 여파는 한동안 계속되었다. 폐병이 완치되기가 무섭게 간염이 찾아왔고, 간염이 호전되는가 싶으면 무릎과 다리 통증으로 좌선을 하기 힘들어졌다.

　그것도 모자라 한동안은 위장병으로 고생해야 했다. 연이은 병치레로 출가생활에 자신감을 잃게 되자, 앞길이 보이지 않는 막다른 길에 이른 것 같았다.

병이 나으려면 우선 약을 받아들이기 위한 몸부터 추슬러야 하는데, 그러기 위해서는 고기를 먹어야 된다는 말을 들었다. 하지만 고기는커녕 응급치료를 받기 위해 병원에 갈 돈도 없는 상황이었다. 선방생활을 포기하고 사판으로 살 것인가, 차라리 속퇴를 하고 집으로 돌아갈 것인가를 고민하며 수많은 갈등과 망설임 속에서 이러지도 저러지고 못하고 방황만 했다.

그러던 어느 날, 한 보살님의 소식을 접하게 되었다. 절을 오가며 건강이 좋지 못한 스님들이나, 힘없고 어려운 뒷방 노스님들을 알게 모르게 보살펴 주는 보살님이 있다는 것이었다. 많은 번민과 절망 속에서도 내 안에는 수행에 대한 의지가 강했던 모양이다. 그 소식을 전해 듣자마자 한걸음에 그 보살님을 찾아갔다. 그리고 염치불구하고 도움을 청했다.

보살님께 어려운 상황을 설명하고 무엇보다 건강을 회복해야 될 것 같다고 고백했다.

"스님, 제가 어떻게 도와드리면 될까요?"

사연을 들은 보살님은 자신의 형편도 어려운 상황에서 선뜻 마음을 내어, 도움을 줄 수 있는 데까지 도와 줄 테니 용기를 내 공부에만 전념하라고 격려해 주었다.

그 후로 그녀는 폐에 좋은 고단백 식품을 비롯해 다리와 무릎 관절에 좋은 한약을 달여 선방에 올려 주곤 했다. 또 간에 좋다는 평양 미나리를 구해와 즙을 내 주기도 했다. 그때 해치운 미나리가 아마 세 리어카는 족히 될 것이다.

그 보살님은 여러 음식과 약뿐 아니라, 포기하지 말고 끝까지 정진하라는 위로와 격려까지 아낌없이 베풀었다. 한편 국문학을 전공한 보살님 덕분에 서양철학과 동양학, 고대사, 문학 등 다양한 분야에도 폭넓은 관심을 가질 수 있었다.

하지만 사람의 마음은 간사한 데가 있어, 건강이 어느 정도 회복되고부터는 자신도 모르게 고마운 마음이 사그라지기 시작했다. 오랜 병환으로 성격은 소심해지고 신경이 한창 예민해져 있던 때라, 지극정성의 도움을 받으면서도 점차 당연하게 여겼다. 살림이 넉넉지도 못한 사람에게 기대어 어릴 적 어머니나 누이에게 하듯 심술과 고약을 떨기까지 했다. 조금만 소홀한 듯싶으면 서운해 하고, 잘 챙겨 주면 챙겨 주는 대로 이래저래 까탈을 떨었다. 그야말로 물에 빠진 놈 건져 놓으니 봇짐 내놓으라는 식으로 그때 내 심보가 딱 그러했다.

———

그렇게 그 보살님과의 인연이 차츰 멀어지고 완전히 끊어지고 나서야 후회와 미안함이 밀려왔다. 그 보살님에게 진 엄청난 빚과 고마움의 무게를 깨달았을 때는 이미 늦은 상태였다.

그토록 철없이 걸어온 날들을 돌아보니, 인생의 한 고비 한 고비마다 물심양면으로 도움을 준 인연들이 한둘이 아니다. 운문암에서 선원장을 할 때도, 토굴에서 공부를 할 때도, 서울로 올라와 선방을 꾸릴 때도 그러한 인연들 덕에 어려운 시절을 무사히 넘어올 수 있었다. 그러니 수행은 결코 혼자 힘으로 되는 것이 아니다. 그 성과 또한 물론 자기만의 것이 아니다.

선방 수좌라는 이유만으로도 풍족한 도움을 받고 살아온 것을 보면, 아마도 전생에 쌓아둔 복이 꽤 많았던 모양이다. 하지만 복은 적금과도 같은 것이다. 아무 생각 없이 바닥이 드러나도록 쓰고 나면, 다시 모으기까지는 오랜 노력과 시간이 필요하다. 돈은 있을 때 모아야 된다는 말도 있듯, 복도 마찬가지가 아닐까 싶다. 그러니 인복(人福)과 좋은 인연 또한 있을 때 더욱 귀한 줄을 알고 감사한 마음을 갖자.

무엇이 옳고 그른가?

 큰절에는 보통 경전을 공부하는 강원과 계율을 공부하는 율원이 있다. 그리고 이른바 도 닦는 공부를 하는 선원으로 구성되어 있다. 다시 말해 강원과 율원은 불교이론을 공부하는 곳이고, 선원은 도를 깨치기 위해 참선을 하며 실질적인 공부를 하는 곳이다.

선원은 흔히 선방이라고도 한다. 선방의 스님들은 산문 밖을 나가지 않고 3개월씩 안거하며 자신의 실체를 찾아 밤낮없이 정진하는데, 이 공부를 우선시하는 스님들은 사미계를 받고 바로 선방에 가기도 하지만, 강원과 율원생활을 마친 후에 가기도 한다.

한편 율원은 강원을 졸업한 후 갈 수 있는 곳이고, 강원은 행자생활을 마친 후 입교할 수 있는 곳이다. 전후사정이 이렇다 보니 선방 스님들이 강원 스님들을 볼 때 새까맣게 어린 후배로 생각하는 경향이 있다. 그 때문에 선방 스님과 강원 스님들 간에는 보이지 않는 미묘한 갈등과 대립이 일어나곤 한다. 요즘은 어떨지 모르지만 내가 강원생활을 할 때만 해도 그러한 경향이 있었다.

어른 스님들의 입장에선 출가한 지 얼마 안 된 강원의 학승들을 어린아이로 볼 수 있지만, 선방 스님들까지 덩달아 그런 취급을 하는 건 영 껄끄럽고 못마땅한 일이었다. 절에서 만나면 공손히 합장하고 공양 시간이면 선방 스님들의 공양을 돕곤 했지만, 속으로는 신나게 비판을 했다.

대체 선방이라는 데가 뭐 그리 대단한 곳이기에 그토록 잘난 척을 한단 말인가? 경전공부는 하지도 않고 다리만 틀고 앉아 있어 저리도 무식한가? 저렇게 무식한 스님들이 뭔 도를 닦겠단 말인가? 도는 닦아 어디에 써먹으려는 건가? 선방 스님들의 위압적인 기세에 눌려 사는 것만 같아 그들을 볼 때면 속으로 은근히 부아가 치밀어 올랐다.

그런데 막상 내가 선방에 들어가고 보니 강원 스님들이 한참 어린 꼬마들로 보였다. 마치 초등학교 6학년생이 학교에 갓 입학한 1학년생을 바라보는 느낌이랄까. 미분 적분에 대해 공부하는 고학년생이 손가락을 꼽아가며 구구단을 외우는 어린 후배를 바라보는 심정과도 같았다.

본질의 종지(宗旨)를 밝히고자 수행하는 입장에서 보면, 책을 붙들고 공부하는 스님들이 막 걸음마를 뗀 아이들처럼 느껴질 수도 있는 일이었다. 무시하는 마음에서라기보다 후배들에 대한 애정과 관심이 그들의 기대치와는 다르게 표현된 것뿐이었다.

이제는 강원생이 아닌 선방 스님의 입장에서 한 현상이 다르게 이해되고 보였다. 한편으로는 자신의 실체를 밝히는 참선공부도 중요하고, 그러한 공부의 바탕이 되는 경전공부도 마찬가지로 중요하다는 사실이 눈에 들어왔다.

그리고 보니 강원 시절에 선방 스님을 바라보는 시각과, 율원에서 강원 스님들을 바라보는 시각, 또 선방에서 강원과 율원의 스님들을 바라보는 시각, 그리고 종무소에 앉아 학인과 율원의 세계, 선원의 세계를 바라보는 시각이 각기 달랐다. 또 공부에만 전념하는 이판의 입장에서 절의 행정을 맡고 있는 사판을 바라보는 시각

__ 해인사 선열당 선원에서 첫 안거중에

과, 사판의 세계에서 이판을 바라보는 눈 또한 달랐다.

결국은 각각의 입장에 따라 그에 맞는 시야가 펼쳐진다. 그렇게 펼쳐진 현상은 물론 전체나 전부가 될 수 없다. 그러니 자기가 앉아 있는 자리, 자기가 바라보는 현상이 '맞다' '옳다' '최고다'라고 주장할 수는 없는 일이다. 그래서 깊은 눈도 중요하고 넓은 안목도 중요한 법이다. 깊이와 넓이를 이해하면 무엇이 딱히 옳고 그른 것이 없다.

어른의 그늘이 좋은 이유

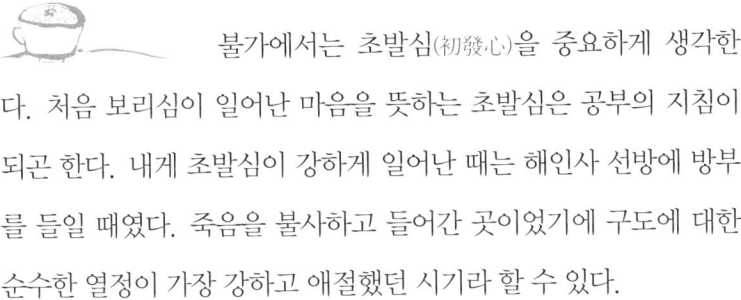　불가에서는 초발심(初發心)을 중요하게 생각한다. 처음 보리심이 일어난 마음을 뜻하는 초발심은 공부의 지침이 되곤 한다. 내게 초발심이 강하게 일어난 때는 해인사 선방에 방부를 들일 때였다. 죽음을 불사하고 들어간 곳이었기에 구도에 대한 순수한 열정이 가장 강하고 애절했던 시기라 할 수 있다.

　하지만 그토록 성성했던 초발심도 선원생활 3년차에 접어들고부터는 큰 벽에 부딪히고 말았다. 고질적인 병마로 몸은 괴롭고 마음 또한 고달프다 보니 화두가 제대로 들리지 않았다. 본래 목적은

점점 퇴색해져 가는 것 같고 자신감을 잃을수록 정신적 갈등과 괴로움이 초발심만큼 거세게 일어났다. 혹여 자리를 옮겨 보면 전환점이 될 수도 있을 것 같아 해인사를 떠나 통도사로 향했다.

하지만 통도사 선방인 보광전에서 지내는 동안 나의 번민은 더욱 커져갔다. 내가 과연 끝까지 수행을 잘해 나갈 수 있을까? 선방을 계속 다닐 수 있을까? 경전공부를 하든지 기도를 하는 게 낫지 않을까? 차라리 주지로 사는 건 어떨까? 등등 수행자로서 다시는 일어설 수 없을 것 같은 불안함과 나약함이 거듭되었다. 게다가 비몽사몽의 상태인 혼침이 찾아왔다. 화두는커녕 온갖 망상과 혼침이 반복되는 속에서 세월은 무의미하게 흘러갔다.

하지만 어릴 때부터 어른 복 하나는 타고난지라, 그 시기에도 방황하는 나를 비롯해 수많은 수행자들을 든든히 받쳐 주고 보살펴 준 어른이 있었다. 바로 통도사 조실인 월하 스님이다. 월하 스님은 위엄 있고 날카로운 조실이 아닌 모든 것을 덕스럽게 포용하는 분이었다. 옳지 않거나 못마땅한 일도 넉넉하게 감싸 안으며 모든 사부대중과 재가불자들이 편히 쉴 수 있는 절의 가풍을 만들었다.

절에서는 강원 스님들과 선방 스님, 혹은 종무소에서 업무를 보는 스님들 간에 불만과 시비가 일어나는 경우가 종종 있다. 그럴 때면 대중공사를 벌이곤 하는데, 가령 종무소에서 선방을 외호하는 일을 소홀히 하거나, 선방 스님들의 무질서한 생활을 종무소 스님들이 지적하는 경우가 생기면 다함께 모여 의견을 나누고 문제를 해결한다. 말하자면 대중공사는 시비를 가려 그에 따른 경책과 화해를 유도하는 자리다. 그런데 월하 스님은 특유의 성품과 말 한마디로 절에서 일어나는 온갖 시빗거리와 불만을 단박에 잠재우곤 하셨다. 스님의 말씀은 늘 간단명료했다.

"우리가 이곳에 온 것은 공부하기 위함이지 서로의 잘못을 들추기 위해 온 것이 아니지 않습니까? 그러니 어떤 일에든 시비를 일으키려는 분들은 걸망지고 이 절에서 나가십시오."

그 어떤 문제도 본질을 간략하게 짚어 되새겨 주는 월하 스님의 한마디는 위력을 발휘했다. 누구의 잘잘못을 가리고 따질 필요도 없이 대중공사의 결론은 쉽게 마무리되곤 했다. 통토사가 삼보사찰의 위엄과 명맥을 면면히 유지해 올 수 있었던 데에는 이러한 어른의 포용력과 위엄이 있었기 때문이다. 그러고 보니 방황만 일삼으며 철철이 세월을 죽이던 때에도 어른 스님의 보살핌 아래 대중이 화합해 살아가는 법을 배웠으니 허송세월만 보낸 것은 아닌 듯싶다. 어른의 그늘이란 그래서 좋은가 보다.

그냥 냅두라고요!

부드러움이 강함을 이긴다했던가. 통도사 월하 스님을 떠올릴 때면 생각나는 말이다. 하지만 한때 나는 그러한 스님의 성품에 여간 불만이 있었던 게 아니다. 해인사에서 '찰중(察衆)'이라는 규율반장을 맡을 때도 일명 '헌병'으로 통할 만큼 깐깐하고 원리원칙주의자인 내게 통도사 선방인 보광전의 기강은 너무나 해이하고 엉망이었다.

그도 그럴 것이 보광전에서 '청중(淸衆)'이라는 소임을 맡아 살던 적이 있었는데, 당시 입방한 스님들 중에는 걸핏하면 마을로 내려가 밤늦도록 곡차를 마시고 오거나, 정진 시간도 빼먹으며 방탕한 생활을 일삼는 부류가 있었다. 그들은 틈만 나면 무리지어 바깥으로 나돌았고, 새벽 정진이나 공양 시간에는 아예 들어올 생각조차 않고 늦잠을 자곤 했다.

청중은 말 그대로 대중을 맑게 하는 역할로, 선방 대중들이 공부하는 데 불편함이 없도록 보살피고 질서와 규율을 바로잡는 소임을 뜻한다. 그러니 선방 규율에 어긋난 행동을 하는 스님에게는 잔소리와 주의를 줄 수밖에 없다. 하지만 어린아이도 아닌 이상 스스로 반성하고 뉘우치기 전까지는 소용없는 일이었다. 정진 시간이나 아침공양도 거르고 잠만 자는 스님들을 깨워 좌복에 앉히고 밥을 먹게 하며 뒷바라지를 계속하다 보니 얼마나 힘들고 지치든지, 그들의 얼굴만 봐도 마음이 상해 고개가 절로 돌아갈 정도였다. 내 자신의 문제만으로도 벅찬 상황에서 남들로 인해 마음고생을 심하게 하다 보니, 해제 때 그 스님들이 사과를 해와도 외면해 버렸다. 그중 말썽을 가장 심하게 일으킨 스님과는 십 년이 지난 후에야 마음을 풀기도 했다.

그러한 일까지 겪다 보니 월하 스님의 한량없는 너그러움과 덕스러움이 불만으로 다가왔다. 그래서 한 번은 여러 스님들과 함께 찾아가 불만을 토로한 적이 있다.

"보광전 기강이 너무 문란한 것 같습니다. 큰스님께서 어른으로서 분명한 결단을 내려 기강을 바로 잡아 주십시오."

그런데 월하 스님은 뜻밖의 말씀을 하셨다.

"냅두라고요. 젊은 시절엔 그런 때도 있는 거 아니겠어요. 젊은 혈기에 마을로 내려가 곡차도 한잔 할 수 있고, 괴기도 한점 먹을 수 있는 일이고, 영화도 한편 볼 수 있는 것 아녜요. 그게 중요한 건 아니잖아요."

나는 순간 부아가 치밀어 올라 월하 스님께 강력히 대꾸했다.

"그럴 바에야 차라리 선방을 여관방 하십시오."

"허허, 여관방을 하면 하는 게지 어려울 게 뭐 있나요? 그런데 젊을 땐 실수도 하고 방황도 하면서 커가는 게 아니겠어요. 사람을 너무 잡는다고 공부가 잘되는 것도 아니고, 또 그렇게 산다 해서 크게 잘못 사는 것도 아닙니다. 그러니 너무 걱정 말고 냅두라고요."

월하 스님은 그런 분이었다. 이런 사람 저런 사람 가릴 것 없이, 온갖 말썽 많은 대중조차 큰 가슴으로 껴안고 함께 가는 분이었다. 다만 누군가의 잘못을 따지고 편을 가르는 것에 대해서는 늘 경계하며, 그러한 대중에게는 한마디로 짧게 경책할 뿐이었다.

"그럴 바에는 이 절을 떠나십시오."

기실 큰스님의 말씀에는 틀림이 없었다. 보광전 청중으로 살 때의 경험담만 비춰 봐도, 자신의 잘못과 허물은 스스로 깨닫는 것이지, 옆에서 누가 아무리 일러 주어도 소용없다. 그리고 누구에게나 방황은 있는 법이다. 수행자들도 예외는 아니다. 깨닫지 못한 이상 스님들 또한 어리석은 중생이기에, 어지럽고 힘겨운 성장통을 겪으며 부처님의 제자로 한 발자국 한 발자국 가까이 내딛는 것이다.

삶이란 결국 각자가 책임져야 할 몫이고, 우리는 그렇게 넘어지고 일어서기를 반복하는 속에서 사는 맛을 알아가고 성장해 간다. 방황과 고난의 시기에도 그 시기대로 느끼고 배우는 것이 있기에 의미가 있다. 그러니 월하 스님의 말씀은 돌이켜볼수록 지당하고도 지당하다.

"냅두라고요!"

두루뭉술하고 순한 말 같지만, 그러기에 묘한 힘이 있고 더욱 강한 가르침으로 다가온다.

자존심과 하심下心의
상관관계

  자존심(自尊心). 간혹 이 단어의 진정한 뜻이 무얼까 생각해 본다. 국어사전에서 그 의미를 찾아보니 "남에게 굽히지 않고 자신의 품위를 스스로 지키려는 마음"이라고 풀이되어 있다. 그렇다면 스님들에게는 애당초 어울리지 않는 말이다. 불가에서는 무엇보다 '하심(下心)'을 강조하기 때문이다. 하지만 스님들 또한 쓸데없는 자존심을 곧잘 내세우곤 한다. 특히 선방에 틀어박혀 안거를 하는 기간에는 마음이 무척 예민해져, 작은 일에도 자극을 받아 신경을 곤두세우곤 한다.

예전에 선방에 막 입문한 후배 스님 한 분은 공양 시간에 자신이 좋아하는 반찬을 옆자리 스님이 많이 집어가는 것에도 예민해져, 내가 이렇게 소인배였나 하고 스스로에게 놀랐다며 고백한 적도 있다. 사실 수개월을 갇힌 공간에 앉아, 보이지도 않는 마음을 상대로 전쟁을 치르다 보면 그보다 작은 일에도 소인배가 되곤 한다. 내게도 물론 그러한 경험이 없지는 않다.

통도사 선방에서 지낼 때인데, 강원과 선원에 각각 '혜원'이라는 법명을 쓰는 동명이인이 있었다. 그러던 어느 날, 강원의 혜원 스님이 자신에게 온 편지인 줄 알고 선원에 있는 혜원 스님의 편지를 뜯어 본 일이 있었다. 법명이 같아 발생된 일이라 웬만하면 이해하고 넘어갈 법도 했지만, 한참 어린 후배인 강원의 스님이 단 한마디 사과조차 없으니 선방 스님들이 화가 났다.

속세에서도 남의 편지를 뜯어 보면 법적으로 처벌을 받을 수 있는데, 어린 학인이 선원 수좌의 편지를 함부로 뜯어 보고 아무 말이 없다는 건 있을 수도 없는 일이라며 선방 스님들이 난리를 쳤다. 급기야는 강원을 대표하는 강주가 책임을 지고 참회해야 한다는 말까지 나왔다. 상황이 이쯤 되고 보면 쉽게 넘어갈 일은 아닌 듯싶어, 청중 소임을 맡고 있던 내가 중간 역할을 하기 위해 강주 스님을 찾아갔다.

"한솥밥을 먹는 식구들끼리 이런 작은 일로 마음 상하고 불편하게 살면 안 되지 않겠소. 선방 스님들의 화가 이만저만이 아니니, 강주 스님이 선원에 한번 올라오는 게 좋겠구랴."

그렇게 마련된 대중공사에서 강주 스님은 사과보다는 훈계에 가까운 해명을 했다.

"강원 스님이 일부러 뜯어 본 것도 아니고 이름이 같아 실수한 것을, 마음을 공부하는 스님들께서 이렇게까지 성내실 필요가 있습니까?"

강주 스님의 말이 떨어지기가 무섭게 '욱' 하는 성질을 참지 못한 한 스님이 들고 있던 컵을 바닥에 내던졌다. 그 일로 더욱 크게 상심하고 돌아간 강주 스님은, 나중에 우연찮게 도량에서 만난 내게 하소연을 했다. 강주 스님이 얼마나 크게 마음을 다쳤는지, 옹졸한 마음과 자존심이 얼마나 어리석고 서로에게 상처를 주는지 그때서야 알 수 있었다.

하지만 실수가 있기에 뒤돌아보며 후회하고 반성하며 깨달아 가는 기회를 갖게 된다. 스스로를 존대하려는 쓸데없는 자존심이 작은 일도 큰 일로 만들어 서로에게 공연한 생채기를 내지만, 그것을 계기로 진정한 자존심이 무엇인지에 대해서도 곰곰이 생각해 보게 된다.

그렇다면 우리들에게 필요한 자존심은 무얼까? 여러 차례의 되새김질 속에 알게 된 것은, 자존심과 하심은 반대의 개념만은 아니라는 것이다. 진정으로 자신을 존대하고 아낄 줄 아는 사람은, 언제든 누구에게든 자신을 낮출 줄 아는 사람이기 때문이다. 그러고 보면 하심은 진짜 자존심을 지키는 지혜로운 방법이다.

승부욕의 중도 中道

 인간은 누구에게나 집착이 있다. 그래야 살아갈 수 있다. 기실 숨을 쉬는 것도 도를 닦으려는 것도 집착 없이는 불가능한 일이다. 그러기에 어떠한 생명도 몸뚱이가 있는 한은, 그 종류와 정도가 다를지라도 욕망과 집착을 버릴 수는 없다.

물론 스님들도 예외는 아니다. 특히 지고는 못 참는 성격의 스님의 경우, 승부욕에서 나온 집착이 누구보다 강하다. 하지만 속세적인 욕망에서 어느 정도 벗어나 있고 또 벗어나고자 애쓰는 사람들이기에, 대신 소소하고 쓸데없는 것에 승부욕을 부리는 경우가 있다. 그래서 같은 입장에서 봐도 때론 엉뚱하고 귀여운 데가 있다.

  그 대표적인 것이 음식이다. 안거생활에서 집착을 떨어봐야 공부 외에는 먹는 문제가 고작이기 때문이다. 그러한 이유로 선방 스님들의 입맛은 미식가를 뺨칠 정도로 민감하고 예리한 편이다. 그리고 또 하나, 운동에 대한 승부욕 또한 스님들을 당할 재간이 없을 것이다.

  사실 절집 스님들치고 운동을 싫어하거나 운동경기를 해 보지 않은 이들은 없다. 절집만큼 운동을 즐기는 곳도 드물기 때문이다. 어느 절집이든 족구나 배구를 할 수 있는 그물망 정도는 구비돼 있고, 축구 골대나 탁구장 시설까지 갖춰진 곳도 있다. 그만큼 운동은 수행자들에게도 중요하다. 걸망 메고 떠돌던 운수납자들이 산문 밖을 나가지 않고 생활하는 동안에는 운동만큼 유익한 것이 없기 때문이다. 운동을 통해 체력 관리는 물론 정체된 기(氣)나 정신적 스트레스를 발산할 수 있다.

  그래서 절집에서는 삭발 목욕을 하는 날은 물론 특정한 날을 잡아 다양한 운동경기를 한다. 물론 절집마다 가풍이 다르긴 하지만, 내가 통도사 선방에서 공부할 당시만 해도 그곳만큼 운동을 즐기고 그에 대한 승부욕 또한 강한 곳이 없었다. 그때를 생각하면 슬며시

웃음이 나곤 한다.

당시의 통도사 선원은 극락암과 보광전 두 곳이 있는데, 당시 극락암의 도감 스님은 운동을 무척 좋아하는 분이었다. 그래서 시간만 나면 두 선원의 스님들을 모아 극락암 대 보광전으로 운동경기를 벌이곤 했다. 스님들에게 가장 인기 있는 축구는 물론 배구와 탁구시합도 벌이고, 겨울이면 납작하게 찌그러트린 음료수 깡통을 나무막대기로 치는 빙구게임을 하기도 했다.

그런데 문제는 보광전 스님들의 순발력과 운동실력이 월등하다는 데 있었다. 그래서 시합은 늘 보광전의 승리로 끝났고, 도감 스님은 운동경기만 끝나면 열이 올라 곧 다음 시합을 주관하곤 했다. 모르긴 몰라도 당시 극락암 스님들이 지고는 못사는 도감 스님의 기질 때문에 골병깨나 들었을 것이다.

이제와 생각해 보면, 극락암은 한국을 대표하는 선승이신 경봉 스님의 선풍이 드날리던 곳이었고 그러한 가풍을 이어 열심히 정진하는 곳이라, 고작 운동에서 질 수 없다는 도감 스님의 자부심과 자존심을 이해 못할 것도 없다. 그러한 승부욕은 세속적인 것에 비하면 순수하고 천진스럽게 느껴지기도 해 수십 년이 지난 지금도 풋풋한 기억으로 남아 있다.

한편 적당한 승부욕은 수행자의 기량이요, 법을 공부하는 데 도움이 되기도 한다. 물론 그것이 과할 경우에는 없는 것만 못한 법이다. 그래서 수단이 목적 내지는 전부가 되지 않기 위해 늘 경계하고 살펴야 한다. 그것을 염두에 두고, 무엇이든 넘치거나 모자람이 없이 적절하고 유용하게 쓰면 좋은 방편이 된다. 승부욕도 그처럼 지혜롭게 활용할 줄만 알면 얼마든지 유익한 것이 될 수 있다.

알음알이와 깨달음의 경계
좀 더 공부해서 내려가면 안 될까?
태산 같은 스승의 바다 같은 사랑
선방 수좌들의 고향, 봉암사의 첫 기억
가장 순수하고 아름답던 시절
여물수록 고개를 숙이는 벼와 같이
두 눈 부릅뜨고 행복했던 날들
한시도 놓지 못한 꿈이 있더이다
서옹 큰스님과 운문암의 인연
가난했지만 반짝반짝 빛나는 시절
제자를 위로하고 달래 준 큰스님의 노래
시봉살이의 행복
진짜 문제는 무엇인가?

깨달음의 장

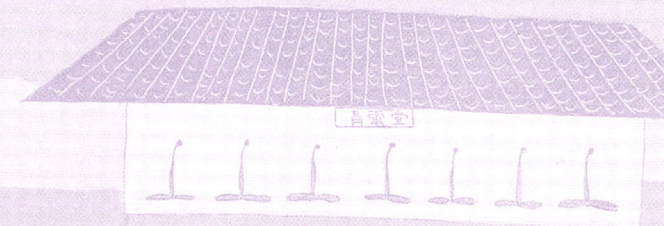

알음알이와
깨달음의 경계

통도사 선방에서 지낸 세월이 방황의 날들이었다면, 불국사에서의 생활은 평생을 선방 수좌로 살아가는 데 공부의 기틀을 잡아 준 시기였다. 꺼질듯 말듯 위태롭게 깜빡거리던 불씨가 되살아난 계기였다고 할까. 그 시절이 없었다면 나의 선방생활은 일찌감치 마감됐을지도 모를 일이다.

통도사를 떠나기 직전까지도 실은 수행에 대한 포기가 컸다. 온갖 번뇌 망상과 혼침 속에서 고작 한 일이라고는 갈등과 방황밖에는 없었다. 도대체 이 굴레가 언제까지 지속될지도 알 수 없어 두렵기만 한 그때, 그간 걸어온 길을 돌아보니 무엇보다 지나온 시간이 아까웠다. 해인사와 통도사에서 보낸 다섯 해, 비록 서툴지만 수행자로서 걸어온 짧고도 긴 그 세월이 아까워 마지막으로 굳은 결심을 했다.

'그래, 마지막으로 최선을 다해 보자. 그래도 화두가 잡히지 않는다면 그때 다른 방법을 찾아보자. 포교나 경전공부를 더 하든지 아니면 기도를 하든지 그때 가서 선택해도 늦지 않을 것이다.'

그렇게 마음먹고 비장한 각오로 찾아간 곳이 불국사였다. 그곳에서 본격적으로 공부할 마음을 다잡은 계기는 태풍이 몰아치던 어느 밤이었다. 마지막 좌선이 끝난 후 홀로 선실에 남아 앉아 있는데, 거센 비바람에 대나무가 흔들리는 소리가 들려왔다. 그 소리는 마치 이리저리 방황하며 갈등과 번민으로 들끓던 지난날들을 떠오르게 했다.

'내 마음이 꼭 저 대나무와 같구나. 그동안 저렇게 흔들리며 살아 왔구나!'

순간 대나무의 뿌리가 떠올랐다.

'비록 저 대나무가 비바람에 휘청거리지만 그 뿌리는 흔들림이 없지 않은가!'

생각이 이에 미치자, 불현듯 한마음이 일어났다.

'결국 모든 번민과 갈등은 나라고 여긴 것이 일으켰지만, 내 본래의 주인공인 본래 심성은 대나무 뿌리와 같지 않겠는가! 그렇다면 그 자리를 믿고 다시 시작해 보자!'

그러한 마음을 먹고 나니 비로소 화두가 들리기 시작했다. 화두에 점점 집중되자, 당시 불국사의 조실인 월산 스님의 방을 자주 드나들게 되었다. 성철 스님이나 향곡 스님, 자운 스님, 서옹 스님과 어깨를 나란히 한 월산 스님은 훤칠하고 잘생긴 상도 그러하셨지만, 몸 아픈 수행자들이 월산 스님의 덕을 입지 않는 사람이 없을 만큼 후덕하기로 소문난 분이었다. 공부 지도는 물론 더운 여름에는 당신이 손수 불을 때서 시장에서 사온 감자를 익혀 선방 대중의 먹을거리를 준비할 만큼 수행자들을 아끼고 챙기셨다. 불국사에서 지내는 동안 나 또한 그러한 은혜를 크게 입었다.

비바람이 치던 날 이후로 나는 월산 스님의 방을 팥 바구니에 쥐 드나들듯 했다. 스승에게 끊임없이 묻고 꾸중을 들어가며 공부 지도를 받던 중, 하루는 스님께서 내게 물었다.

"한 물건에는 법을 전할 수 없다. 일수 수좌 어디 한번 일러보시게."

한 물건에게 법을 전할 수 없다는 것은, '나'라고 여기는 물건에 갇힌 상태에서는 법을 전할 수 없다는 의미로 생각되었다. 다시 말해 '우리의 주인공'인 본래면목(本來面目)을 찾아야 법을 전할 수 있다는 뜻이다. 그런데 한 물건이라는 것도 법도 본디 실상이 없는 것이라, 내 답은 한 치의 망설임이 없었다.

"본래 법이 없는데 무슨 법을 전한다 하십니까?"

불현듯 스친 생각에 불쑥 말을 내뱉고는, 아무런 대꾸 없이 앉아 계시는 월산 스님을 뒤로 하고 방문을 넘어서려는 순간이었다. 아차 싶었다. 내 답은 깨달음이 아닌 알음알이에서 나온 것이었다. 방문을 채 넘지도 못하고 부끄러움이 일어 월산 스님 앞에 다시 돌아와 앉았다.

"부끄럽습니다. 제 답은 그저 알음알이였을 뿐입니다. 잘못된 것입니다."

"선방 수좌가 그 정도 살핌과 양심이 있다면 문제될 게 없네. 앞으로 더욱 열심히 정진해 자신의 일대사를 해결하길 바라네."

얼굴을 들지 못하는 내게 월산 스님은 큰 격려와 용기를 북돋아 주셨다. 수행이란 끊임없는 의구심과 참구를 통해 참된 나를 찾아가는 공부다. 그런데 그 길 도처에는 덫이 널려 있다. '앗, 이것이

구나!'라는 각성과 함께 비로소 무언가를 깨달은 듯한 착각에 빠지기 십상이다. 그래서 스승이 필요하고, 자신에 대해 면밀하고 객관적으로 살필 줄 아는 지혜의 눈이 필요하다. 하나의 과정을 목적에 이른 것으로 여기는 덫에 걸리지 않기 위해서라도 끊임없는 성찰과 살핌이 중요하다.

좀 더 공부해서
내려가면 안 될까?

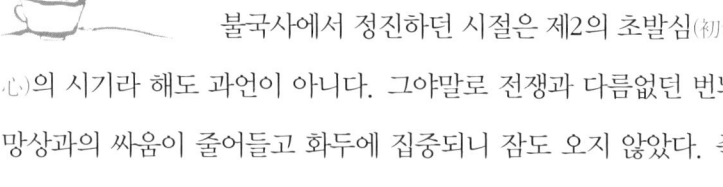 불국사에서 정진하던 시절은 제2의 초발심(初發心)의 시기라 해도 과언이 아니다. 그야말로 전쟁과 다름없던 번뇌망상과의 싸움이 줄어들고 화두에 집중되니 잠도 오지 않았다. 죽비로 저녁 정진이 끝났음을 알리는 방선 후에도 화두참구는 끊이지 않고 계속되었다. 어느 날부터는 포행 정진을 겸하는 것이 좋을 것 같아, 저녁 방선 이후로는 주변의 산과 인근 숲길을 어슬렁거렸다.

비가 오나 눈이 오나 추우나 더우나 관계없이 화두와 랜턴 불빛 하나에 의지해 밤새 돌아다니다 보면 별별 일들이 일어났다. 내 신

세와 다를 바 없이 돌아다니던 뱀의 등을 밟아 벌러덩 나자빠지기도 하고, 마을 어귀에 있는 볏짚으로 지어 놓은 오두막에 들어앉아 있다 도둑으로 오인받기도 했다.

한번은 유독 한기가 심한 추운 겨울밤이었는데, 평소처럼 이곳저곳을 돌아다니다 갑자기 심술이 났다.

'아니, 젊은 사람은 밤잠을 안자고 공부하는데 조실이나 돼서 밤에 잠을 자면 무슨 조실 스님이란 말인가?'

공부좀 한답시고 상(相)을 일으킨 것이다. 뜬금없이 일어난 망상은 조실인 월산 스님에게로 꽂혔다. 곧바로 길고 날카로운 작대기를 구한 나는 월산 스님의 방 앞으로 가 작대기로 방 문짝을 긁으며 왔다 갔다 했다. 그와 같은 객기는 거기에서 그치지 않고 법문 시간에도 일어났다. 월산 스님이 마조 스님과 관련된 법문을 하는 중이었는데, "할!"이라는 소리를 너무 여러 차례 하시는 것이었다. 그 소리에 다시 일어난 상(相)을 주체 못한 나는 주저함도 없이 법상 앞으로 나갔다.

"조실 스님께서 '할'이라는 소리를 여러 번 하시는데, 그거 '죽은 할'을 그리 하시는 겁니까? '산 할'을 하시는 겁니까? 대체 어떤 것이 '죽은 할'이고 어떤 것이 '산 할'입니까?"

기백 좋게 큰소리를 치고도 모자라서 나는 "과거에 그렇게 할을 한 것은 여시여시(如是如是), 현재에 그렇게 할을 하는 것도 여시여시(如是如是), 미래에 그렇게 할을 하는 것은 다 여시여시(如是如是)인 것입니다." 하고는 법당을 나와 버렸다. 과거에도 현재에도 많은 조사들이 그렇게 '할'이라고 소리치는데, 특별히 여러 번 외치는 당신께선 그 뜻을 알고 하시는 것인지를 묻는, 나름에는 스승을 질책하는 말이었다.

지금 생각하면 당돌하고 부끄럽기도 한 일이지만, 그때 당시에는 공부에 대한 일념으로 앞뒤 가릴 게 없는 상황이었다.

아무 말씀 없이 법상에 앉아 계신 조실 스님 앞에서 보란 듯 법당을 나온 후에야 스멀스멀 죄송스러운 생각이 일어났다. 점심공양이 끝난 후 월산 스님을 찾아갔다.

"조실 스님, 죄송합니다. 그때는 그냥 그런 생각이 들어서, 제 심정이 그래서 그런 말씀을 드린 겁니다."

"선방 수좌가 그 정도는 돼야 공부를 하지. 앞으로도 더욱 정진하시게."

법당에서 일으킨 일로 민망해하는 내게 월산 스님은 되레 허허 웃으시며 격려를 해 주셨다. 그토록 태안(泰安) 같은 스승의 품에서

_ 하안거 결제 기념(월산 조실 스님을 모시고)

나의 아상은 한동안 널을 뛰듯 오르락내리락했다.

어느 하루는 앉아만 있는 것만이 공부가 아니라는 생각이 일어나 부리나케 월산 스님을 찾아갔다.

"조실 스님, 앉아만 있는 게 공부입니까? 그게 공부라면 그런 공부는 이미 마쳤으니, 저는 이제 요석궁의 기생들을 제도하러 갈랍니다. 그러니 돈이나 주십시오."

잠잠한 듯싶다가 느닷없이 다시 일으킨 소동에 월산 스님은 나를 달래듯이 물었다.

"그럼 그럼, 요석궁에 가려면 돈은 가져가야지. 그런데 조금만 더 공부해서 내려가면 안 될까?"

조실 스님의 그 한마디에 내 입에서는 바로 "죄송합니다. 큰스님"이라는 말이 튀어나왔다.

공부에 대한 객기와 상을 이기지 못해 오밤중에 당신의 방문을 작대기로 긁어댈 때도, '할'보다도 더한 소리로 당신의 법문을 방해할 때도, 유명한 요릿집 기생들을 제도하러 가겠다고 생떼를 쓸 때도 넉넉한 품안에서 등을 다독여 주며 더욱 큰 용기를 심어 주신 월산 스님. 그 어른을 떠올릴 때면 큰스님이 달리 큰스님이 아니라는 생각을 하게 된다.

태산 같은 스승의
바다 같은 사랑

월산 스님 아래에서 공부가 차츰 익어갈 무렵, 선방에서 입승을 보던 한 스님을 알게 됐다. 입승 스님은 선(禪)에 대해 나름의 지견(知見)이 났고 거량에 대해서도 잘 알고 있어, 월산 스님에게 법을 받으러 왔다고 했다. 지견이 났다는 게 무엇이고 법거량이 무엇인지도 정확히 알지 못한 나는, '그런 게 있는가 보다'라고 생각하고 대수롭지 않게 넘겼다.

그런데 언제부터인가 입승 스님은 내게 어떤 주제를 던진 후 그것을 일러보라는 둥, 거량을 해 보자는 둥 나를 따라다녔다. 아마도 내가 조실 스님의 방을 자주 들락거리며 질문을 하고, 밤새 포행 정진을 하고 가끔 엉뚱한 행동까지 하니, 공부에 큰 진전이 있는 걸로 착각한 모양이었다.

입승 스님은 나중에는 포행을 함께 하자며 이곳저곳으로 나를 데리고 다니며 끊임없는 질문과 법담을 나누려했다. 그런 스님이 성가시고 부담스럽게만 느껴졌던 나는 그 스님에게 면박을 주었다.

"그런 얘기를 물으시려면 조실 스님에게 물어보시지 왜 내게 물으시오?"

하지만 스님은 지칠 줄을 몰랐다. 하루는 도반과 셋이 경주시내에 내려갈 일이 있었는데, 한 찻집에서 차를 마시던 중에 다시 질문을 해 왔다.

"스님은 인과를 어떻게 생각하시오?"

도저히 더 이상은 못 참겠다는 생각이 든 나는 작심하고 성을 내며 말했다.

"그렇게 꼭 내 의견이 듣고 싶소? 내겐 지견도 없고 공부한 것도 없는데, 스님께선 내게 무슨 큰 지견이라도 있는 줄 알고 자꾸 물어오시니 한마디만 하겠습니다. 인과는 스님이 있다고 인정하면 있는 것이고, 없다고 생각하면 없는 것이요."

그러한 일이 있은 후로 입승 스님은 예전과 달리 잠잠해졌다. 나와 법담을 나누고자 포행을 나서려 하지도 않았고, 더 이상의 질문도 하지 않았다. 이제야 좀 살겠다는 생각이 들던 차에, 입승 스님이 다가와 상황 설명을 해 주었다.

"내가 스님을 괴롭히려고 한 것이 아니라오. 스님께서 공부를 하기 위해 애를 많이 쓴다며, 더욱 정진할 수 있도록 곁에서 도와주면 좋겠다고 조실 스님께서 부탁을 하셨소. 그래서 이것저것을 묻고 법담을 나눠보고자 한 것이오."

내 자신이 참으로 작게 느껴지는 순간이었다. '선방 수좌가 자기 공부에만 몰두하면 됐지, 어쩌자고 남의 공부에 저리 관심이 많을까!'라며 입승 스님을 어리석고 한심스럽게 생각했었다. 그런데 그러한 사정이 있었을 줄이야. 입승 스님에게 짜증을 내고 큰소리를 친 게 미안하고 부끄럽기만 했다. 하지만 한편으로는 스승의 큰 사랑을 느낄 수 있었다. 그토록 앞에서 끌어 주고 뒤에서 보살펴 준 것도 모자라, 입적하시기 전까지도 내게 가르침을 주고 떠나신 어른이 월산 스님이시다.

아직도 스님과의 마지막 만남을 또렷이 기억하고 있다. 백양사 운문암에서 선원장을 지낼 때였는데, 월산 스님이 편찮으시다는 소문이 들려왔다. 얼마 못 사실 것 같은 예감이 들어 모든 일손을 놓고 부랴부랴 불국사로 향했다. 스님은 소문대로 무척 위독하신 상태였다. 바짝 마르신 몸에 한쪽 배에는 호수를 낀 채 떠나실 날을 기다리고 계셨다. 그러한 상황에서도 내 손을 꼭 잡으며 반가움과 고마움을 표하시는 스님에게 불현듯 궁금한 게 떠올랐다.

"이제 몸의 인연이 얼마 남지 않은 것 같습니다. 이러한 상황에서 조실 스님, 진실되게 한 말씀만 해 주십시오. 이와 같은 생사의 갈림길에서도 화두가 들리는 겁니까? 안 들리는 겁니까?"

공부욕심으로 가득한 제자를 되레 기특하게 생각하신 월산 스님은 나지막한 소리로 말씀하셨다.

"평생 붙들고 산 것을 어찌 놓겠소."

"그러면 됐지요. 죽고 사는 이 몸뚱이가 무엇이라고, 수좌가 화두 하나 들고 가면 더 이상 바랄게 무엇이겠습니까?"

월산 스님은 입가에 옅은 미소를 지으시며 철없는 제자의 손을 더욱 꼭 잡아 주셨다. 그리고 마지막 당부를 하셨다.

"앞으로는 백양사 큰스님 밑에서 부지런히 정진해 더욱 큰 눈을 뜨시게. 그래서 부디 많은 중생들에게 이익되게 사시게."

선방 수좌들의 고향, 봉암사의 첫 기억

경북 문경의 희양산에 위치한 봉암사는 일반인에게는 개방되지 않는 절이다. 산문 출입을 금하고 스님들이 수행만 하는 참선도량이기 때문이다.

한편 한국불교의 근대사에서 봉암사가 갖는 의미는 남다르다. 일제강점기 이후 한국불교가 법이 아닌 비법(非法)으로 운영되며 위태로운 위기에 처해 있을 때, 성철 스님을 비롯한 향곡 스님, 자운 스님, 월산 스님 등이 정법(正法)을 구현하고자 새로운 출발을 다짐하며 결사를 했던 곳이다. 말하자면 봉암사는 오늘날 한국불교의 수행풍토를 바로잡기 위한 원동력이 된 도량으로 '스님들의 고향' 이라고 할 수 있다. 참선공부를 하는 수좌들에게는 특히 그러하다.

봉암사에서 지낸 시절은 개인적으로도 각별한 의미가 있다. 소문을 듣고 찾아간 봉암사의 첫 기억부터가 그러했다. 강원 학인 때였는데, 해가 질 무렵 봉암사에 도착하니 조그마한 스님 한 분이 나타나 대뜸 물었다.

"어디서 왔소?"

"봉암사가 좋은 수행도량이라는 소문에 찾아오게 되었소."

그러자 그 스님은 의기양양하게 말했다.

"여기는 산문을 막고 오직 수행 정진만 하는 곳이니, 스님도 언젠가는 이곳에서 꼭 수행을 해 보시오."

아직 10대밖에 안 된 어린 스님이었지만, 말 한 마디 한 마디가 어찌나 호방하고 씩씩하던지 무척 깊은 인상을 주었다.

그런데 비단 그 스님만 그러한 것이 아니었다. 누더기 같은 낡고 긴 승복자락으로 도량을 쓸고 다니다시피 하며 여기저기에서 고함을 치듯 하는 납자들의 기상은 하나같이 하늘을 찌를 듯했다. 봉암사가 원래 그러한 곳인지, 희양산의 기상이 남다른 때문인지는 알 수 없었으나, 나중에 참선공부를 하게 되면 이곳에서 꼭 살아봐야겠다고 마음먹었다.

봉암사에서 처음 만난 그 종표 스님과는 후일 화엄사에서 다시 만나게 되었다. 강한 첫인상의 기억 때문에 대번에 알아볼 수 있었다.

"봉암사에서 처음 스님을 봤을 때 기상이 하늘을 찌를 것 같았는데, 지금도 그렇게 하늘을 찌르시오? 그런데 소리로만 찌를 게 아니라 거기에 뭐시 내용도 있는가요?"

내가 먼저 건넨 인사말에 서로 한참을 웃고 말았다. 그리고 십년 후, 다시 재회를 했을 때 그는 유학(儒學)과 한문에 달통해 있었다. 선방을 돌며 참선만 하다 경전공부도 해야겠다는 생각이 든 스님은, 한자부터 익히기 위해 논어를 공부하다 유학에 물리가 트인 것이다.

그런 종표 스님이 내게 공부를 같이 하자며 말을 건넨다.

"스님이 글을 보시면 나보다 잘할 것 같은데 함께 공부해 보면 어떻겠소?"

"나는 머리도 좋지 못하고 글을 보는 재주도 없고, 특기라고는 오직 선방에서 '이뭐꼬' 하나 들고 사는 것밖에 없소. 그러니 스님은 열심히 어록을 공부해 많은 후배들에게 좋은 영향을 주길 바라오."

비록 나이는 어리고 체구는 조그마해도 태산 같은 기백을 지닌 종표 스님은, 첫 만남에서처럼 우연찮게 재회를 할 때마다 나를 감탄케 했다. 수행에 대한 열의는 물론 무엇이든 마음만 먹으면 무서운 집중력과 노력을 기울이는 그의 모습이 놀랍고 대견할 따름이었다. 나보다 열 살이나 어린 나이에도 불구하고 선배와 같은 그를 통해 선방 수좌들의 호기로운 기질과 정진의 힘을 느낄 수 있었다.

인연이 닿을 때마다 수행자다운 기상과 기백을 여실히 보여 준 종표 스님. 그에 대한 첫 기억은 내게 봉암사에 더욱 각별한 애정을 갖게 했다.

처음 봉암사를 찾아간 날, 그곳에서 했던 다짐과 종표 스님의 말대로 선방 수좌가 된 나는 당연히 봉암사에 방부를 들였다. 그리고 생애 잊을 수 없는 안거생활을 시작했다.

가장 순수하고
아름답던 시절

무언가를 욕심으로 구하려고 하면 더욱 멀어지는 법이다. 도를 구하는 일도 마찬가지라. 깨달으려고 하는 욕심이 일어나면 깨달음과 더욱 멀어지게 된다. 그래서 선(禪)은 구하려고 하면 구할 수 없고, 알려고 하면 알 수 없다고 얘기한다. 단지 화두를 들고 간절히 참구하는 것만이 중요하다. 자기가 하는 행위에만 최선을 다해 집중해야지 무엇을 어떻게 해야겠다는 마음이 들면, 거기에는 이미 구하려는 집착과 분별, 망상이 들어와 있기 때문에 이미 선과 멀어져 버린다.

불국사에서 공부를 마친 후 찾아간 봉암사는 그러한 욕망 없이 공부가 되는 곳이었다. 그곳을 처음 찾아갔을 때의 기억처럼 봉암사는 특별한 도량이었다. 수행에 대한 욕심도, 도를 구하려는 집착도 없이 자연스레 화두에만 몰입되었다. '봉암사는 역시 봉암사다'라는 말이 나올 만큼 힘이 솟구치고 환희심이 저절로 일어났다. 화두를 들기 위한 애씀도 없이 순조롭게 공부가 돼 두 해를 지내는 내내 '역시 오길 잘했다'는 생각을 했다.

봉암사에 첫 방부를 들인 동안거 중에 내가 맡은 소임은 '정통'이었다. 정통의 역할은 화장실 청소를 비롯해 선방 옆에 설치해 놓은 오줌통을 지게로 져 날라 화장실에 버리는 일이었다. 하심(下心)을 키우고 복을 지어야겠다는 생각에 가장 궂은일인 정통을 일부러 자청했다. 남들이 기피하고 싫어하는 낮은 소임을 맡는 것은, 자칫 교만해지기 쉬운 마음을 다스리는 데 좋은 방법이 되기 때문이다.

그런데 정통은 결코 만만한 일이 아니었다. 화장실 청소는 그렇다 치고, 봉암사가 계곡을 끼고 있어 워낙 추운 지역이다 보니 추위를 견디며 오줌통을 져 나르기가 무엇보다 힘들었다. 오줌으로 가득 찬 통을 양어깨에 물지게처럼 지고 내려가 버려야 하는데, 지게를 졌을 때 자칫 양어깨의 균형이 맞지 않으면 옷에 오줌이 튀거나

묻기 일쑤였다.

그래도 스스로 자청한 일인 만큼 기쁜 마음으로 그 소임을 해 나갔다. 다만 일이 늦게 끝나, 옷을 채 갈아입지 못하거나 몸을 씻지 못한 상태로 공양을 하거나 좌선을 하고 있으면 옆 도반들이 불편을 겪곤 했다. 하지만 당사자인 나는 정작 그 냄새에 둔감했다.

그때는 비단 오줌 냄새뿐 아니라 먹는 것이나 잠을 자는 것에도 무심해져, 무엇에도 걸림이 없었다. 밥 때가 되면 그저 때가 됐으니 밥을 먹을 뿐이지 배가 고프다는 생각은 없었다. 잠을 자고 싶은 생각도 없고, 몸에서 역한 냄새를 풍겨도 몰랐다. 화두에 몰입되어 정신세계에 빠져 있으면 자신도 모르게 그렇게 되기 마련이다.

그렇게 3개월 동안 화장실 청소와 오줌통 비우는 일을 하며, 도량을 돌고 포행을 다니고 달 밝은 밤에는 계곡을 따라 오르락내리락하며 수행을 했다. 그때는 내 안에서 절로 흘러나오는 소리와 웃음이 있어, 희양산을 바라보며 고래고래 고함을 지르기도 하고 미친 듯 웃기도 했다.

내가 내 기운을 잡지 못할 정도로 힘이 넘치고 화두가 들리다 보니 원력과 힘이 더욱 솟구쳐, 마치 깨달음을 얻은 것 같은 느낌과 마음까지 일어났다. 물론 공부의 장애가 온 것일 수도 있다고 생각했지만, 이곳에서 일대사를 해결하지 못하면 떠나지 않겠노라는 발심이 컸던 만큼 환희심과 기운이 충만했던 시절이다.

한편 그때만큼 순수한 때도 없었을 것이다. 특히 용추골 계곡에서의 추억을 떠올릴 때면 아직도 동심으로 돌아가곤 한다. 선방과 아주 가까운 거리에 있는 계곡은 스님들의 오아시스와도 같은 곳이었다. 특히 더위가 심할 때는 바닥에서 지열까지 올라와 좌복에 가만히 앉아 있기만 해도 속옷이 흥건히 젖곤 했는데, 50분 정진한 후 10분간 포행하는 시간만 되면 일제히 계곡으로 달려가곤 했다. 그리고 너나 할 것 없이 발가벗고 물속으로 풍덩풍덩 뛰어들었다. 찬물도 순서가 있다지만, 계곡으로 돌진하는 그 순간만큼은 상판이고 하판이고 위아래를 따질 겨를도 없었다.

선방과 계곡 사이에 물을 막아 사용했기에, 그곳은 아예 스님들 전용 노천목욕탕과 다름없었다. 그리고 간이수영장이 되기도 했다. 점심공양이 끝나고 휴식을 취하는 시간이면, 수영을 할 줄 모르는 스님들 몇몇이 조를 짜 그곳에서 수영을 배우곤 했다. 개헤엄만 치던 나도 그때를 계기로 제법 폼 나는 수영을 배울 수 있었다.

용추골 계곡에서 단연 으뜸은 일명 '선녀탕'이었다. 선녀탕에는 물줄기를 따라 우묵하게 패인 바위가 있는데, 그곳의 묘미는 당연

미끄럼타기였다. 자연발생적으로 만들어진 미끄럼을 타고 내려와 선녀탕으로 풍덩 떨어지다 왕왕 무릎이나 머리를 다치기도 했지만, 그 덕에 더위와 수행에 지친 몸을 시원하게 달래가며 여름 한철을 너끈히 나곤했다.

  그런데 인적이 드문 곳이긴 해도, 간혹 아낙들이 길을 잘못 든 바람에 서로 민망해하며 낭패를 보는 일이 있었다. 특히 스님들이 바위에 옷을 몽땅 벗어 놓고 일광욕을 할 때나, 한참 물놀이를 하다 옷을 벗어 놓은 장소에서 멀찍이 내려와 다시 제자리로 올라가던 중에 아낙들과 마주치는 불상사라도 생기면, 일대 소란이 벌어졌다. 이미 보여 줄 건 모두 보여 주고는 여긴 올라올 데가 아니라고 고함을 지르며 소동을 피우곤 했다.

  이젠 그곳 일대가 개방됐지만, 한때는 봉암사 스님들의 전용 쉼터이자 놀이터와 같았던 용추골. 포행 시간만 되면 계곡으로 돌진해 뛰어들고, 선녀탕에서 미끄럼을 타며 도반들과 헤엄치던 기억들 하나하나가 아직도 순수하고 맑은 단비가 되어 촉촉이 내리곤 한다. 그래서 시나브로 메마르고 찌들어가는 마음을 살포시 적시곤 한다. 그러기에 봉암사는 '고향'이다. 언제든 꺼내 보아도 내 입가와 눈가에 반달 같은 미소를 짓게 하는 마음의 고향…….

여물수록 고개를
숙이는 벼와 같이

벼는 익을수록 고개를 숙인다는 말이 있다. 흔한 말이지만, 그 말의 무게가 실로 천금같이 느껴지던 때가 있었다. 봉암사에서 정진을 하던 중, 나름에는 환희심과 기백이 넘쳐나다 보니 내 나름대로 여러 시도를 해 보았다. 그중 하나가 오후불식을 하며 묵언을 하는 것이었다.

원래 오후불식을 할 때는, 밥을 먹지 않더라도 공양 시간에 나와 앉아 자신의 자리를 지키고 있어야 한다. 그것이 바로 절집 대중생활이다. 하지만 공부 욕심이 앞서 있던 나는 입승의 허락을 구해 공양 시간에 참석하지 않는 대신 포행을 돌았다.

오직 화두에 대한 생각밖에는 없어 배가 고픈 줄 몰랐기에 오후 불식은 전혀 어려울 게 없었다. 하지만 묵언은 여간 힘든 일이 아니었다. 어찌나 말을 하고 싶은지, 꾹 참고 있다가도 뭔 일이 생기기만 하면 나도 모르는 사이 말이 튀어나왔다.

말하는 습관을 제어하는 일조차 그토록 어렵고 마음처럼 되지 않는 걸 지켜보며, '습관 하나 바꾸기가 도(道)'라는 말을 새삼 실감했다. 묵언에 대한 개념도 확실히 없는 상태에서 억지로 해 보려는 마음만 앞서다 보니 묵언은 좀처럼 익숙해지질 않았다. 그저 공부상을 일으킨 정도로 여기며 흐지부지 묵언을 하던 중에, 당시 봉암사의 조실인 서암 스님을 우연찮게 뵙게 됐다.

포행을 마친 후 절로 돌아오는 길이었는데, 저녁공양을 끝낸 서암 스님이 내려오시는 모습이 보였다. 그런데 스님께서 갑자기 길 한 쪽에 쪼그리고 앉으셨다. 묵언중이라 그저 합장만 하고 몇 발자국 지나치는데, 스님께서 나를 건드려 보려는 것 같은 직감이 들었다. 어느새 나는 묵언중인 사실도 잊고 가던 길을 돌아와 먼저 질문을 했다.

"조실 스님께 한마디 여쭙고자 합니다. 성철 스님께선 돈오돈수

__ 봉암사 조실 서암 스님을 모시고

(頓悟頓修, 단박에 깨쳐 더 이상 수행할 것이 없는 경지)를 주장하셨는데 스님께선 어떻게 생각하십니까?"

"수좌라면 돈오돈수(頓悟頓修)를 해야지!"

"그렇다면 어떤 것이 돈오돈수(頓悟頓修)입니까? 스님께서도 돈오돈수가 돼 있으십니까?"

돈오돈수가 가능한지에 대해 궁금했던 터라, 실례를 무릅쓰고 다시 건방진 질문을 던졌다. 그런데 그때 한 무리의 대중이 산모퉁이를 돌아 올라오는 바람에 자연스레 대화가 끊어졌다.

서암 스님과 나는 묵묵히 걸음을 옮겨 도량 근처에까지 이르렀다. 당신의 처소와 선방이 갈라지는 길에서, 아무런 말씀이 없던 서암 스님이 입을 떼셨다.

"스님, 벼가 잘 익으면 고개를 숙인다는 말이 있지요. 수행도 마찬가지라, 수행을 잘하는 사람은 잘 익어가는 벼와 같다오. 공부가 잘될 때일수록 그 말을 부디 명심하시어 계속 정진하십시오."

서암 스님은 그 말을 남기고 처소로 올라가셨다. 봉암사의 힘찬 기운과 환희심에 들떠 있던 마음이 그 말씀 한마디에 다소곳이 가라앉았다. 절에서 가장 궂은일인 정통을 하면서까지 하심을 지키고자 했던 마음이 잠시 방심한 틈을 타 온데간데없어지고 그 자리에 다시 상(相)이 차올랐던 그때, 어른 스님의 법문 같은 경책이 아니었다면 흐트러진 마음을 살피고 다잡지 못했을 것이다.

그렇게 한철을 무사히 넘기고 다음 철 어느 저녁에 서암 스님을 찾아갔을 때도 스님은 비슷한 말씀을 하셨다.

"화두에 집중되는 시간이 처음엔 일이십 분 정도였다가 한 시간으로 늘어나더니 이젠 한나절도 쉽게 보내고 하루도 쉽게 보내고 있습니다. 밤잠을 안자도 피곤한 줄 모르고 화두가 치밀하게 들리는 것 같긴 한데, 과연 공부가 잘되고 있는 것인지 어쩐지 몰라 점검을 받으러 왔습니다."

"혼자 묵묵히 화두를 챙기며 몰두하는 사람이 수행을 잘하는 사람이오. 공부가 어느 정도 익어가고 있으니, 그럴수록 하심하면서 마음을 계속 잡아가세요. 공부가 잘될수록 더욱 조심스럽고 더 면밀하게 마음을 살피며 공부해 나가는 게 중요하오."

화두가 잘 들리고 공부가 무르익을지라도 '나'라는 상을 온전하고 겸허하게 비워내지 않으면 소용없는 일이다. 이것이 서암 스님이 내게 단단히 일러 준 가르침이었다.

비단 수행에서뿐만이 아니라 다른 일에서도 잘 여문 벼와 같은 마음을 갖추기란 어려운 만큼 중요한 일이다. 계획된 일이 잘 안 될 때는 자신을 돌아보기가 쉽지만, 마음처럼 혹은 그 이상으로 일이 잘될 때는 그러기가 쉽지 않기 때문이다. 그러기에 소위 잘 나갈 때, 행여 내가 설익은 벼와 같은 건 아닌지 자신을 두세 배로 살피고 돌봐야 한다.

두 눈 부릅뜨고
행복했던 날들

선방에서 3개월 안거를 끝마치기 이삼일 전부터 스님들에게는 자유 시간이 주어진다. 그때는 좌선 시간의 시작과 끝을 알리는 죽비도 내려놓고, 각자 휴식을 취하며 밀린 빨래를 하거나 해제 때 어떻게 보낼지에 대한 계획을 세우곤 한다.

그러던 어느 날, 봉은사 전 주지인 명진 스님과 백운암의 철인 스님이 내려와 내게 제안을 해왔다.

"스님이 공부를 열심히 하는 것 같으니 이럴 때 함께 용맹 정진(勇猛精進, 용맹한 기운으로 정성스럽게 참선이나 염불 등의 수행을 함)을 해

봅시다."

밤낮으로 잠을 자지 않고 용맹 정진을 하는 것은 결코 쉬운 일이 아니다. 육체의 가장 극한 고통과 한계를 체험하기에 별별 일들이 벌어진다. 물론 그러한 고통과 중간에 그만두고 싶은 유혹을 이겨내며 수행하는 것은, 수행자라면 해볼 만하고 의미 있는 일이다.

하지만 여러 대중이 함께 용맹 정진을 하다 보면 도처에 생각지도 못한 어려움과 번거로움이 일어나는 것을 해인사에서 여러 번 경험한지라, 나는 두 스님의 제안을 거절했다. 매일 용맹 정진하다시피 살고 있다는 생각에, 한편으로는 굳이 '용맹 정진'이라는 상을 붙여 공부하고 싶은 생각도 없었다. 하지만 두 도반의 군건한 마음과 끈질긴 설득에 이내 동의를 하고 말았다.

용맹 정진의 기간은 해제일을 기점으로 3주, 즉 21일을 하기로 했다. 좌선의 시작과 끝을 알리는 죽비를 치고, 잘못한 사람을 경책하고 대중을 통솔하는 책임자인 '입승'은 내게 맡겨졌다. 좌선 중에 잠이 오거나 혼침에 빠진 사람의 어깨를 죽비로 쳐 주는 경책은 여러 스님들이 매시간 돌아가며 하기로 했다. 드디어 시작되었다.

그런데 용맹 정진 중에 가장 눈여겨볼만한 것은 구참과 신참의 차이점이다. 어찌 보면 마라톤과도 비슷한데, 2주째까지는 초학들의 기세가 훨씬 등등하다. 구참들은 일주일 정도 지나면 허리가 굽고 혼침에 빠져드는데, 신참들은 잠에 잘 빠지지도 않고 몸을 빳빳하게 세우고 바르게 앉는 편이다.

그런데 2주가 지나고부터 상황은 역전된다. 구참의 관록과 내공이 서서히 살아나는 것이다. 그때부터는 구참들의 허리가 꼿꼿하게 펴지면서 자세가 반듯해지는 반면, 하판들은 허리가 꼬부라지고 제정신이 아니다. 포행을 돌면서도 잠에 취해 벽장에 머리를 박기도 하고, 마루에서 발을 헛디뎌 바닥에 나자빠지기도 한다.

무슨 소리인지 알아들을 수도 없는 헛소리나 무의식적인 소리를 하는 사람도 있고, 앉아서 잠꼬대를 하는 사람, 눈 뜨고 코를 고는 사람, 울며불며 어머니를 찾는 사람 등 3주째에 들어가면 별의별 소란과 풍경이 펼쳐진다.

입승 소임은 그때부터 더욱 막중해진다. 한 시간만 잠을 자도 그 사람은 바로 걸망을 싸 내보내기로 한 터라, 경내 구석구석을 돌며 잠이 들거나 정신을 차리지 못하는 스님들을 깨워 제자리로 데려와야 한다.

그러한 소임을 보며 내 정신 챙기기에도 벅찬 판국에, 하루는 또 다른 일까지 터지고 말았다. 한 상판 스님이 죽비를 사정없이 세게

_ 백양사 운문암에서

내리치며 무섭게 경책한 것에 반발해, 하판들이 방에서 모두 나가 버린 것이다. 해제를 코앞에 두고 용맹 정진을 끝마치지 못할 상황이 벌어지고야 말았다. 예기치 못한 상황을 수습하는 것도 입승의 역할이라, 나는 하판들을 불러 모았다.

"다른 곳도 아니고 한국불교의 중심지인 봉암사에서 용맹 정진 하면서 이런 일로 중간에 판을 깬다면, 수좌로서의 망신일 뿐 아니라 한국불교의 망신이기도 하오. 우리들이 이 정진을 무사히 마칠 수 있도록 전국의 수좌들과 스승들이 힘을 실어 주고 있는 마당에, 선배 스님이 경책을 과하게 했기로서니 하판들이 밖으로 나가버린다는 게 말이나 되오. 그깟 경책이 무서워 용맹 정진을 못하겠다면 수좌의 자격도 없는 것이니, 그럴 바에는 이 자리에서 모두 걸망지고 떠나시오. 그게 아니라면 새로운 마음으로 다시 앉아 정진을 마치도록 합시다."

선배이자 책임자로서의 꾸지람과 설득은 다행히도 통했다. 하판 스님들은 다시 제자리로 돌아와 정진에 들어갔고, 단 한 명의 낙오자도 없이 37명 전원이 용맹 정진을 끝마칠 수 있었다. 하판 스님들에게 했던 말처럼, 봉암사에서 수좌들이 모여 용맹 정진을 한다는 것은 비단 그 자리에 있던 우리만의 문제가 아니었다. 그리고 그렇게 무탈하게 용맹 정진을 마칠 수 있었던 것도 우리만의 결의와 의지 때문만은 아니었다.

　봉암사의 조실인 서암 스님만 하더라도, 당신 벽장 안에 있던 온갖 주전부리를 모두 꺼내와 수좌들에게 공양을 올리며 격려했다. 이렇게 스님들이 열심히 수행한다면 내가 화주(化主, 재가불자들에게 스님들이 공부하는 데 필요한 공양물을 얻어와 뒷바라지하는 일)를 해서라도 뒷바라지를 하겠노라며 기뻐하던 어른 스님과, 멀리서나마 응원과 힘을 보태 준 이들이 있었기에 가능했다. 그러한 스승들과 불보살의 보살핌이 없었다면 21일간의 용맹 정진을 무사히 마칠 수 없었을 것이다.

　그러고 보니 여러 얼굴이 스쳐간다. 서로를 의지하며 함께 공부한 도반들의 얼굴과, 그러한 우리를 바라보며 신심에 차올라 행복해 하시던 조실 스님의 모습이, 그 시절을 떠올릴 때마다 환한 미소를 짓고 스쳐간다. 선방 수좌에게 있어서는 가장 행복했던 그때를 그리며 가끔 꿈을 꾼다. 언젠가 그들과 그곳에서 다시 만나, 두 눈 부릅뜨고 용맹하게 정진하는 꿈을……..

한시도 놓지 못한
꿈이 있더이다

 한때 봉암사에서는 절의 최고 어른인 조실 스님을 잃어버린 적이 있었다. 서암 스님이 조계종의 종정인 동시에 봉암사 조실로 계시던 때였다. 1994년도에 있었던 이른바 개혁불사가 끝난 후, 서암 스님은 종정 자리를 내놓고 조계종을 탈퇴하겠다고 선언하셨다. 독재정치와 비슷한 상황에서 수많은 학승들이 반발하여 일어난 종단사태에 어른으로서 책임을 지고 물러나신 것이다.

종단사태와 관련해서는 그렇다 치고, 선방 수좌들의 고향인 봉암사의 조실 자리까지 내놓은 서암 스님은 거제도로 떠나셨다. 그때 봉암사의 전반적인 책임을 맡고 있던 내게 서암 스님을 다시 모시고 와야 된다는 의견이 모아졌다. 그래서 수좌들 대표로 나와 도반들 몇몇이 서암 스님이 계신 거제도로 내려갔다.

"스님, 저희와 함께 가십시다. 종단사태야 그렇다 쳐도 봉암사에서 평생을 수행 정진하시고, 저희들을 보살펴 주신 봉암사의 어른이시지 않습니까. 종단 문제와 관계없이 스님은 저희 수좌들의 조실이니 함께 돌아가십시다."

우리의 간곡한 부탁에도 서암 스님은 소속 없이 자유롭게 살아가는 이 맛이야말로 진짜 수행자의 삶이라며 거절하셨다.

"정 그러시겠다면 저희들도 안 갈랍니다."

서암 스님의 거절에 우리도 돌아가지 않겠다고 버텼더니 스님은 농담으로 대꾸하셨다.

"그럼 이참에 대중들이 여기로 와서 공부하시게."

종단의 부끄러운 문제를 책임지고 모든 자리를 미련 없이 털어버린 어른으로서의 결단과 용기, 그리고 부처의 제자인 비구로서 오직 자유롭고 싶어 하는 서암 스님의 모습에 깊은 감명을 받고 돌아왔다. 그 후로도 몇 차례 서암 스님을 모시러 거제도로 내려갔지만, 스님의 뜻과 의지는 한결같았다.

"나는 이런 자유인이 좋네. 더 이상 어떤 소속에도 얽매이지 않고, 가고 싶으면 가고 머무를 수 있으면 머물면서 이렇게 사는 게 너무도 좋네……."

그 무엇에도 더 이상 얽매이고 싶지 않으셨던 서암 스님은 결국 나이가 더 드시고 입적하실 무렵에야 봉암사로 돌아와 회향을 하셨다. 모든 짐을 벗어놓고 남은 여생을 비구로서 홀가분하고 자유롭게 살다 가신 서암 스님의 모습이 눈에 선하다.

그분을 기릴 때마다 수행자로서 참 부러운 생각이 든다. 어떤 것에도 걸림 없이 모든 것을 내려놓고 언제라도 떠날 수 있는 서암 스님의 용기와 자유에 대한 갈망이 내 안에도 있으리라…….

애초에 수행자에게는 맞지 않는 그 어떤 명예나 욕망의 옷은 걸치지 않고, 그저 초지일관 화두 하나 붙들고 사는 가난하지만 더할 나위 없이 자유롭고 행복한 수행자로 생을 마감하고 싶다. 이 몸을 회향하는 날에는 부디 내 안에서 들끓던 온갖 욕망과 고뇌의 옷을 모두 벗고 훌훌 떠날 수 있기를 간절히 바란다. 이것만큼은 서암 스님의 거제도에서의 여생을 지켜 본 이래 한시도 놓지 못한, 나의 유일한 소망이요 꿈이다.

서옹 큰스님과
운문암의 인연

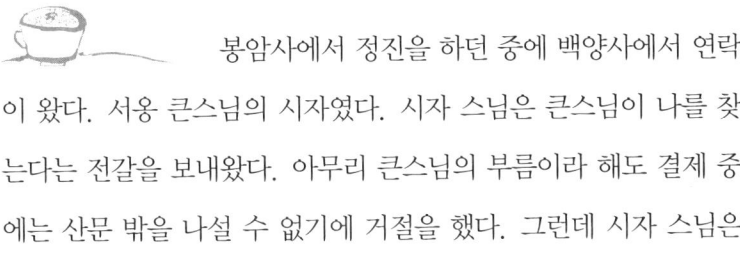 봉암사에서 정진을 하던 중에 백양사에서 연락이 왔다. 서옹 큰스님의 시자였다. 시자 스님은 큰스님이 나를 찾는다는 전갈을 보내왔다. 아무리 큰스님의 부름이라 해도 결제 중에는 산문 밖을 나설 수 없기에 거절을 했다. 그런데 시자 스님은 다시 연락을 해왔다.

"큰스님께서 빨리 오라고 하십니다."

"결제 중에 선방 수좌가 문 밖을 나가는 것은 있을 수 없는 일입니다. 지금은 갈 수 없으니 결제가 끝난 후에 찾아뵙겠다고 전해 주십시오."

융통성 없고 원리원칙주의자인 나의 답은 한결같았다. 그럼에도 불구하고 며칠 후 시자 스님이 또다시 전화를 걸어왔다.

"큰스님의 뜻을 거스른 부분은 해제 때 찾아뵙고 매를 맞든지 꾸중을 듣든지 할 테니, 결제 중에 더 이상 전화를 안 하셨으면 좋겠습니다."

그렇게 세 차례의 부름을 뒤로 미룬 채 해제가 된 후에야 백양사를 찾아갔다.

서옹 큰스님을 처음 뵌 것은 제주도 관음사에 기거하고 있을 때였다. 문중의 어른 스님이 오셨다며 사오십 명의 스님들이 관음사로 올라오는데, 맨 앞에 하얀 학 같은 자태의 노장 스님 한 분이 앞장을 서고 있었다. 공양간에서 일을 거들던 중 먼발치에서 그렇게 서옹 큰스님을 처음 뵈었다.

그 후 강원을 졸업하고 선방에서 정진을 하다가 큰스님에게 공부점검을 받아봐야겠다는 생각이 들었다. 그래서 서울 상도동에 있는 백운암에서 처음으로 가까이 뵙게 됐다.

큰스님은 "선방에서 공부를 열심히 하는 수좌가 있다고 해서 누군가 궁금했는데 마침 잘 왔네"라며 초면인 나를 반갑게 맞아 주셨다. 그때는 '무(無)'자 화두를 정해 들고 있었는데, 잠을 자거나 꿈속에서도 화두가 들리던 중이었다. 공부 과정을 들은 큰스님은 수행이 많이 진전되고 있으니 계속 화두를 놓지 말고 공부하라며 점검을 해 주셨다.

그렇게 두어 번 뵌 것이 고작인 나를 큰스님이 다급히 찾은 까닭은 백양사 선방인 운문암 문제 때문이었다.

나라 전체가 어려운 상황이었고 전라도라는 지역적 환경까지 더해져, 백양사는 손꼽힐 정도로 가난한 절이었다. 탁발로 살림을 꾸려가던 때였으니 선방을 운영하기란 더욱 힘든 실정이었다.

하지만 운문암은 '호남의 성지'라는 말답게 아름답고 기상이 있는 수행처였다. 터만 남아 있는 곳을 이전에 몇몇 스님이 복원하겠다고 손을 대긴 했지만, 워낙 여건이 좋지 못한 탓에 불사를 끝까지 이루지 못했다. 그래도 뜻있는 스님들 덕에 어설프게 지어졌긴 해도 건물 한 채가 터를 지키고 있었다.

큰스님을 뵙자마자 늦게 찾아뵌 것에 대한 사죄부터 드린 후 운문암을 둘러보았다. 운문암의 사정은 백양사에서 그곳까지 올라오는 험하고 열악한 길과 다를 바 없었다. 하지만 화순의 모이산과 조계산, 광주의 무등산까지 한눈에 내려다보일 정도로 시야가 트인 운문암은 확실히 공부하기에 좋은 도량이었다. 게다가 문중의 큰 어른인 서옹 스님의 원력과 지도가 따른다면, 그곳을 명실공히 호남의 성지로 꾸려볼 만한 용기와 확신이 생겼다.

다음 결제를 준비하기 위해 길과 도량을 어느 정도 정비한 다음, 각지에 있는 도반들과 후배 스님들을 불러들였다. 그렇게 운문암에서 첫 하안거를 보내기 위해 모인 수좌들이 12명이었다.

그날부터 나는 '나'라는 상(相)을 저절로 잊어버릴 수밖에 없는 살림살이를 시작하게 됐다. 워낙에 어렵고 힘든 때인데다 나를 믿고 찾아 주신 큰스님과 수좌들의 시봉을 위해서라면 가릴 게 없었다. 이곳저곳에서 먹을거리를 탁발해 오고, 시주 들어온 공양물을 운문암까지 지게로 져 올렸다.

가난한 시절에 가정을 건사하기 위해 밤낮으로 애쓰는 우리의 아버지들과 어머니들이 그러했듯, 그때는 내 한몸 살필 겨를이 없었다. 하지만 그것은 기실 나를 위한 일이었다. 대중을 위해 원력을 세우고 그것을 위해 부단히 노력하는 것만큼 자신에게 이롭고 좋은 수행은 없기 때문이다. 그러한 까닭에 운문암에서 보낸 날들은 내게 더할 나위 없이 소중하고 값진 시간이었다.

가난했지만
반짝반짝 빛나던 시절

서옹 큰스님을 모시고 12명의 수좌들과 첫 안거에 들어갔다. 방 사정도 여의치 않고 목욕탕 시설도 제대로 갖춰지지 않은 환경 속에서, 그나마 관리공단이 지어 준 화장실 한 채를 반으로 나눠 간이목욕탕과 화장실로 이용했다. 부대시설이 워낙 열악하다 보니 목욕하는 날짜와 순번을 정해놓고 목욕을 했는데, 하판·중판·상판 큰스님 순으로 목욕을 했다.

먹을거리도 늘 부족했던 터라 틈만 나면 여기저기를 돌아다니며 신도들에게 탁발을 해왔다. 다행히 여러 신도들의 도움으로 쌀이며 찬거리, 과일, 기름 등을 시주받았다.

하지만 큰절에서 운문암까지 올라오는 3킬로미터에 달하는 길은 경사가 가파르고 험해 차가 올라오지 못했다. 그래서 사람이 등짐을 져 날라야 했다. 탁발한 물품들을 실은 작은 지프차가 큰절에 도착하는 날이면, 전 대중이 지게를 지거나 걸망이라도 메고 나와 운문암까지 공양물을 날랐다. 그렇게 먹을거리와 필수품을 해결한 후 다시 바닥이 날만하면 탁발을 나서곤 했다.

원력이란 그러한 것이었다. 제아무리 어려운 상황일지라도, 개인적인 욕심에서가 아닌 전체를 위한 일에서는 도움의 손길이 따른다. 하늘이 무너져도 솟아날 구멍이 생기는 것이다.

자기 살림도 어려운 처지에 사람들은 수행하는 스님들을 위해 기꺼이 자신의 것을 나눴다. 비가 오는 날에도 우비를 입고 내려와 지게와 걸망으로 그들의 정성어린 공양미와 과일을 져 나르곤 했던 기억이 여전히 내안에 가슴 벅차게 남아 있다.

돌이켜보면 그때만큼 온 대중이 신심(信心)과 구도심(求道心)으로 한마음이 되어 살았던 적이 없다. 열악한 환경에서도 누구 하나 불평불만을 늘어놓는 이가 없었고, 가난했기에 되레 화합도 잘되고 서로가 서로를 더 잘 이해하고 배려했다. 수행에 있어서도 어느 때

___고불총림 선원장 시절 백양사 운문암에서

보다 간절하고 철저하고 용맹스럽게 해 나갔다.

그러한 속에서 대중에게 끊임없이 도심(道心)을 일깨워 주며 중심이 되어 준 어른이 서옹 큰스님이시다. 눈빛은 사자처럼 반짝반짝 빛나고, 좌복에 앉아 계신 모습은 마치 한 마리 학과 같으셨던 큰스님은 요가와 능엄주로 하루를 시작하셨다.

공양 후에는 포행과 정진을 하고 오후산책 후에는 『벽암록』을 읽고 다시 좌선을 한 후 취침에 들곤 하셨던 큰스님의 일과는 철두철미하고 규칙적이었다. 그러한 모습이야말로 살아있는 법문이었다.

큰스님은 아침저녁으로 수좌들과 함께 정진하며 경책을 해 주셨다. 법상을 따로 마련하지 않고 수시로 격식이 없이 법문을 하는 소참(小參)과, 수좌들과 일대일로 대화를 나누는 독참(獨參)으로 수좌들을 지도하고 독려해 주셨다. 큰스님이 특히 중요하게 생각하신 것은 독참이었다.

어느 철에는 결제 기간 내내 하루에 세 사람씩 돌아가며 독참을 하도록 권하셨다. 그러면 한철에 한 수좌가 큰스님과 독대할 수 있는 기회가 4~5번 주어지는데, 그 시간에는 개인적으로 법에 대해 궁금한 것을 묻고 공부한 것을 점검받았다. 그 외에 자신의 소신과 방황에 대해 털어놓으며 조언을 구하고, 그로 인해 불교관을 재정

립하는 기회를 갖기도 했다.

선방 수좌에게 독참은 더할 나위 없이 유익하고 행복한 시간이었기에 대중들의 반응은 뜨거웠다. 후학들 지도에 열성적이고 자비로운 큰스님의 저력이 알려지면서 나중에는 큰스님 지도아래 공부하고 싶어 하는 수좌들이 늘어났다. 하지만 방 사정이 여의치 않아 한때는 운문암에 들어오고자 하는 이들의 순서가 3년간 밀려 있기도 했다.

큰스님은 재가불자들의 지도에도 노력과 정성을 아끼지 않으셨다. 정기적인 법문을 마련하고부터는 큰스님을 찾아오는 불자들의 발길도 늘어나, 큰절에서 이들을 수용하기도 했다. 공간적인 제약과 열악한 환경 때문에 더 많은 대중이 큰스님의 가르침과 영향을 받을 수 없는 것이 못내 아쉬웠지만 나중에야 알았다. 물질적인 풍족과 생활의 여유로움이 결코 구도심과 비례하지 않는다는 것을…….

물질만능주의로 흐르다 보니 오늘날의 선방은 예전에 비하면 그야말로 '호텔'이다. 하심(下心)과 무소유를 덕목으로 삼아야 하는 출가 수행자들이 되레 욕심과 상(相)이 강한 경우를 보게 되고, 그 옛날 선지식 같은 어른과 가르침을 만나기도 쉽지 않다.

배는 부른데 마음과 정신은 고프기만 하다. 그러기에 그 시절 그 어른이 더욱 그리워진다. 가난한 속에서도 공부에 대한 순수한 열정이 넘쳐났고, 대중과 호흡하며 부지런히 도심을 일깨워 주고 이끌어 준 스승이 있어 반짝반짝 빛나던 그 시절과 그 어른이…….

제자를 위로하고 달래 준
큰스님의 노래

운문암에서 첫 안거를 마친 후 마음이 걷잡을 수 없이 쓸쓸해졌다. 3개월간 동고동락한 수좌들이 해제를 하고 하나 둘 떠나가고 나니 큰스님과 둘이 남게 되었다. 어려운 시절을 함께 한 도반들이었기에 그들에 대한 애착과 이별에 대한 상심이 크게 다가왔다. 걸망을 메고 각자 계획한 길을 떠나는 도반들의 모습을 지켜보며 마음이 아팠다. 함께 따라나서고 싶은 마음이 굴뚝같았지만, 큰스님을 보필하며 다음 결제를 준비하려면 굳건히 그 자리를 지킬 수밖에 없었다.

정든 이들을 떠나보내는 아픔도 몇 해가 지나면 익숙해질 줄 알았는데, 그러한 감정은 여러 해가 지나도 마찬가지였다. 그래서 나중에는 해제일만 되면 내가 먼저 종적을 감춰버렸다. 도반들이 떠나는 모습을 보지 않기 위해 깊은 산중으로 올라가 버리곤 했다. 떠나는 이들의 서운함도 남겨진 이들과 별반 다를 게 없었다. 떠나야 하는 마음과 보내야 하는 마음이 적적하게 교차되는 날이면, 큰스님도 "대중들이 다 떠나가 버리네. 해제철에도 계속 남아 공부하면 좋을 텐데……"라며 섭섭한 심정을 보이시곤 했다.

그렇게 모두가 떠난 자리에서 마음을 가누기가 어려워, 새벽에 도량석을 돌 때면 목탁을 치며 타령가를 지어 부르곤 했다.

"사는 것이 무엇인가, 죽는 것이 무엇인가, 머리를 깎고 출가를 하고 보니, …… 대중은 걸망 메고 다 떠나가고, 나 홀로 큰스님을 모시니 눈물이 절로 절로 흐르는구나."

형식도 없는 타령가를 말이 나오는 대로 읊어대고, 나옹 선사의 토굴가를 부르기도 하며 스스로를 위로했다.

내 멋대로 도량석을 돌고 아침예불을 올린 다음 큰스님과 좌선을 한 후 아침공양을 준비했다. 큰스님이 공양을 하시는 동안에는 옆에서 무릎을 꿇고 앉아 큰스님 말씀에 귀를 기울이거나 묻는 말

__ 백양사에서 지선 스님(은사 스님), 서옹 스님(당시 고불총림 방장 스님)을 모시고

에 답을 하곤 했다.

"운문암이 너무 가난해서 살기는 어렵지만, 도 닦기에는 여기만큼 좋은 데가 없네."

"네, 그렇습니다. 먹는 것도 빈약하고 몸은 불편해도 큰스님이 계셔 도심(道心)과 신심(信心)이 일어나니, 공부하고자 하는 마음이 간절한 납자들이 찾아올 것입니다."

"그럼, 그래야지. 수좌는 그렇게 공부해야 하네. 풍요로운 곳에선 공부가 되지 않고 게으름만 나는 것이야. 부족하고 어렵게 사는 속에서 도심이 깊어질 수 있어."

큰스님은 소식(小食)을 하셨지만 음식을 꼭꼭 씹어 천천히 드시며 말씀을 이어가곤 하셨기에 공양 시간이 긴 편이었다.

"호남에 운문암 같은 곳은 없어. 예부터 진각국사나 진묵대사도 살고, 근자에는 만암 스님과 용성 스님도 살고, 고암 스님도 이곳에서 원주를 6년이나 했지. 금타 스님과 혜암 스님도 여기를 거쳐 갔으니, 많은 선지식들이 이곳에서 공부를 했네. 그러니 자네도 여기서 바르게 수행하고 공부해서 한국불교를 이 자리에서 일으켜 보세."

그렇게 한 시간 반에 걸친 공양과 차담 시간에 큰스님은 운문암에 대한 각별한 애정이 담긴 법문을 들려주시는가 하면, 나의 공부 상태를 점검해 주곤 하셨다. 그리고 성철 스님이나 향곡 스님, 월산 스님, 월하 스님 등 도반 스님에 대한 자랑과 일화를 들려주시기도 했다. 지난날의 회상에 젖어, 조용히 눈웃음을 그으며 인자하신 표정으로 이런저런 이야기를 들려주시던 모습이 눈에 선하다.

큰스님은 여든이 넘은 연세에도 정정하셨다. 점심공양이 끝나면 큰스님을 모시고 근처 상황봉까지 포행을 다녀오곤 했는데, 젊은 내가 따라잡을 수 없을 정도로 가볍게 산을 오르곤 하셨다. 한창 힘이 좋은 40대인 나도 중간에 몇 번은 숨을 고르며 터벅터벅 오르는데, 큰스님은 바람처럼 가볍고 사뿐하게 산을 타셨다. 그리고는 상황봉 꼭대기에 올라 '할!'이나 '아~' 하는 소리를 길게 뽑아내곤 하셨다.

"자네도 해 보게. 단전에 화두를 들고 배에 힘을 주고 소리를 내야 하네."

옆에서 보기에는 메아리를 울리듯 단순하게만 보였는데, 큰스님이 일러 준 대로 소리를 질러 보니 여간 힘든 게 아니었다. 그것은 이른바 '법문-송(song)'이었다. 말하자면 법의 에너지를 전달하는 소리였다. 소리는 에너지를 전달하기에 가장 효과적인 수단이기에, 그 소리는 또 다른 형태의 법문인 것이다. 그래서 그냥 귀를 열어놓으면 같은 소리처럼 들려도, 스승이 자비심의 에너지를 전달할 때와 경책을 주는 에너지를 전달하는 경우가 각기 다르다.

따라서 소리 자체가 법이고 법문이 되기도 한다. 그러니 어찌 그러한 법의 소리를 쉽게 흉내 낼 수 있으랴. 당신 옆에 서서 애써 소리를 따라 지르던 내게 큰스님은 자비롭고 부드러운 미소를 지어 보이시면서 말씀하셨다.

"그게 하루 이틀 갈고닦아 되는 게 아니네. 수행이 무르익을수록 수월하게 낼 수 있을 거라네."

해제철이면 쓸쓸함과 헛헛함에 마음을 가누지 못하고 버거워하던 나를 큰스님은 그렇게 위로하고 격려했다. 그런데 그 소리가 후일 내 가슴 깊은 곳을 울리는 메아리로 고이 간직될 줄은 몰랐다. 큰스님이 떠난 후 언제부터인가 나는 대중들 앞에 설 때마다 "천하~, 참사람이~" 하면서 판소리 같은 소리로 법문을 시작하곤 한다. 아직도 공부가 한참은 미숙하여, 법의 에너지를 담은 큰스님의 소리를 반도 흉내 낼 수는 없다. 하지만 그 소리에는 큰스님을 향한 그리움과 당신의 뜻을 기리는 마음만은 절절하게 담겨 있다. 개인의 행복은 물론 가정과 사회, 국가, 더 크게는 온 인류의 평화를 위해 자기안의 '참사람'을 찾자던 그 뜻을, 당신의 어깨너머로 배운 미숙한 소리일망정 메아리를 울려 여러 마음들 구석구석에 전하고 싶다.

시봉살이의 행복

큰스님을 모시고 운문암에서 살던 시절을 돌아볼 때면 늘 아쉬움이 남는다. 당시에는 나름대로 최선을 다해 큰스님을 시봉하고 선원을 꾸려갔지만 돌이켜보면 미숙함이 많았다. 신도들이나 지인도 별로 없는 초학이다 보니 큰스님을 더욱 정성껏 보필하지 못한 것이 무엇보다 마음에 걸린다.

하지만 운문암이 자리를 잡아가고 활기를 찾을수록, 큰스님을 보필하고 대중을 외호해야 한다는 책임감 하나만큼은 강하게 앞섰다. 큰스님이 주말마다 『벽암록』을 제창하는 법문으로 재가불자들에게까지 도심(道心)을 일으키게 하고, 선원의 수좌들도 공부에 대한 열의로 가득 차 부지런히 정진하는 모습을 볼 때면, 더욱 내 자신을 채근했다. 나를 돌볼 생각은 잊을 만큼 큰스님과 대중에 대한 생각밖에는 없었지만, 그래서 행복했다.

어려움도 어려운 줄을 모를 만큼 환희심에 넘치던 시절이었다. 그때를 회상하면 작은 이기심도 배제된 이타심이야말로 온전한 행복임을, 도심과 다름없음을 새삼 깨닫게 한다.

그러한 시절에 살림을 꾸려가며 무엇보다 반가운 순간은 신도들의 공양물이 큰절에 도착했다는 기별을 받을 때였다. 더구나 먹을거리가 떨어져 갈 무렵에 그러한 소식을 받으면 얼마나 기쁘던지, 새벽이고 밤중이고 한걸음에 내달려갔다.

한번은 달밤에 사제 스님과 큰절에 내려가 쌀 한 가마니와 두부 한 판을 어깨에 들쳐 메고 올라온 적이 있는데, 책임감이 얼마나 막중하던지 가파르고 먼 산길을 올라오면서도 두 사람 모두 쉴 생각조차 못했다. 절에 도착해 한숨을 돌린 후에야 책임감과 신심(信心)이 얼마나 무서운지를 실감했다.

나중에야 탁발을 다니는 일에도 익숙해졌지만, 처음에는 신도들에게 도와달라는 소리를 하는 것이 얼마나 쑥스럽고 민망하던지 당최 말이 떨어지질 않았다. 워낙에 주변머리 없고 경험이 부족하다 보니 한번은 이런 일도 있었다.

큰스님과 둘이 운문암을 지키던 해제철이었는데, 법당의 불상이 너무 앞으로 모셔져 있어 뒤로 옮겨야 될 것 같은 생각이 들었다. 하지만 어떻게 해야 할지 몰라 한동안 고민만 하다 큰스님에게 그러한 생각을 말씀드렸다.

"예전에 백양사에서 행자생활을 했던 처사가 한 분 있네. 지금은 백양면에서 사업을 하는데, 나를 만날 때면 늘 운문암을 개원하면 도와주겠다는 말을 했지. 그 사람한테 한번 전화를 해 보게."

"저는 알지도 못하는 분인데 어떻게 그런 얘기를 합니까? 큰스님께서 해 보십시오."

"그러지 말고 자네가 해 보게나."

아무리 불사와 관련된 약속이었다 해도, 큰스님은 남에게 신세 지는 것을 어려워하는 심성을 지닌 어른이었다. 전화번호가 적힌 수첩을 들고 한동안 서로 미루기만 하다 결국 내가 전화기를 들었다. 그리고는 "여보세요?"라는 인사말과 함께 그 처사가 맞는지를 확인하기가 무섭게 재빨리 큰스님에게 전화기를 넘겼다.

"저는 모르는 분이니까 큰스님이 말씀하십시오."

순간 당황스러워하던 큰스님은 하는 수 없이 전화기를 받아들고 자초지종을 설명했다. 큰스님의 부탁에 그 처사는 기꺼운 마음으로 약속을 지켰고, 다른 불사를 할 때도 보태라며 큰 액수의 불사금을 보시했다. 그렇게 받은 보시금을 큰스님은 내게 모두 맡기고는 알아서 운영하도록 했다. 어른을 모시고 잘 받드는 일이 시봉(侍奉)의 역할인데, 곤란한 일은 되레 큰스님에게 떠넘긴 지난날을 떠올릴 때면 죄송스러울 따름이다.

나를 온전히 내려놓고 오직 남의 이로움만 생각할 수 있는 마음. 그 마음이 도심이고 자비심이기에 그 마음의 발로는 가장 큰 행복이고 축복이 아닐 수 없다. 시자로서 서툴고 미숙하기만 한 제자에게 보여 준 큰스님의 절대적인 믿음과 책임감 덕에 그 마음을 경험하고 알 수 있었다. 그러고 보니 내가 되레 큰스님의 보필을 받은 것 같은 생각이 들어 더욱 부끄럽고 죄스러울 뿐이다.

진짜 문제는 무엇인가?

한때 내겐 화두가 없었다. 물론 처음부터 없었던 것은 아니다. 어느 날부터인가 화두 없이도 혼침에 떨어지지 않고 성성하게 집중이 되다 보니 공부가 익었다고 느꼈다. 그래서 더 이상 화두를 들지 않아도 공부가 된다고 여기고 화두를 없앴다.

그런데 그러한 내게 화두를 다시 잡게 한 어른이 서옹 큰스님이다. 내게 화두가 없다는 사실을 안 큰스님은 밤낮으로 걱정을 하셨다. 저놈이 공부를 하긴 하는데, 화두 없이도 공부를 잘하고 있다고 호언장담을 하니 스승으로서 여간 안타까움이 컸을 것이다.

"화두 없이 공부하면 깨달음에 들어가기가 힘들고 잘못된 길로 갈 수 있네. 간화선을 하는 수행자는 화두를 잘 간택해 제대로 들어야 하네."

공양을 드실 때도 포행을 하실 때도 큰스님의 잔소리는 계속되었다. 그럼에도 불구하고 어른의 조언을 쉽게 받아들이지 않았다. 화두 없이는 공부가 안 된다는 큰스님의 주장에, 되레 당신을 의심하기도 했다. 혹여 깨닫지 못하신 건 아닐까라는 의구심과, 당신이 나를 너무 가볍게 생각하시는 건 아닐까라는 생각까지 했다. 해제철에도 밤잠 안자고 공부에 몰입하던 때라 자신감과 교만에 차 있었던 것이다. 그러던 어느 날, 큰스님이 불러 이렇게 이르셨다.

"너에게 주장자가 있으면 주장자를 주고, 주장자가 없으면 주장자를 빼앗겠다. 그러면 어떻게 하겠는가?"

법의 상징인 주장자에 대해 나는 한 치의 망설임도 없이 대답했다.

"그 주장자를 부러뜨리겠습니다."

큰스님은 아무런 말씀이 없으시더니 "나가보게"라고만 하셨다. 그때도 깨달은 바가 있어 그런 답을 한 것은 아니었다. 큰스님에게 지고 싶지 않은 마음에 나도 모르게 흘러나온 말이라는 걸 곧 알아

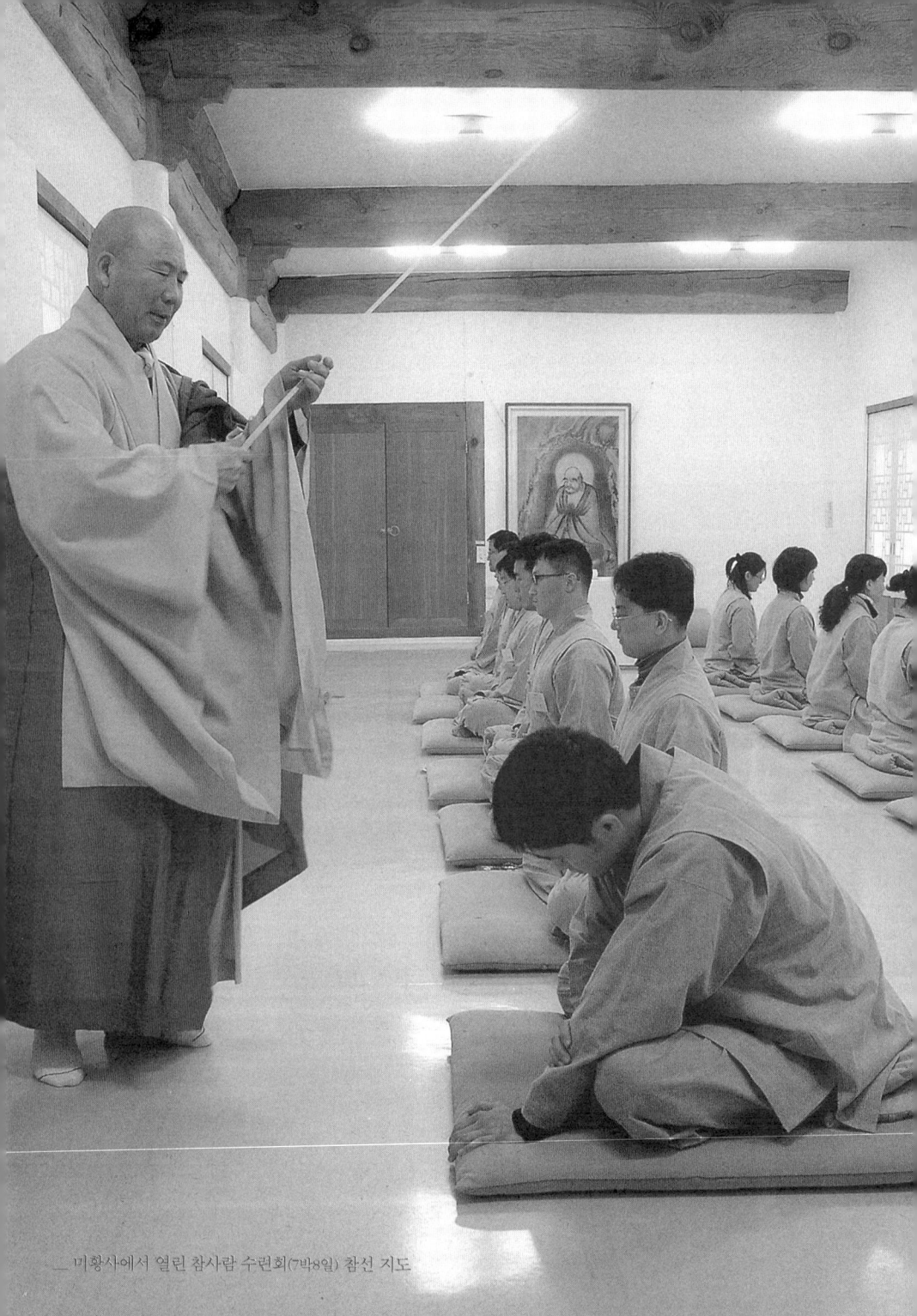
_ 미황사에서 열린 참사람 수련회(7박8일) 참선 지도

했기에 큰스님을 찾아가 고백했다.

"알고 있네. 자네가 화두 없이 제멋대로 공부하는 건 나침반 없이 길을 가는 것과 같네. 역대 조사 스님들도 화두를 타파해 견성(見性)했고 자기 주인공을 찾았어. 화두 없이 주인공을 찾는 사람은 없네. 화두를 들어야 하네."

큰스님의 간곡한 성화와 설득에 못 이겨, 그날 당신에게 '무(無)' 자 화두를 받아들었다. 처음에는 그저 어른이 저렇게까지 말씀하시니 한번 믿고 따라보자는 마음이 컸다. 그런데 큰스님의 말씀이 옳았다. 그것은 내게 스스로를 깨달았다고 여긴 아만(我慢)을 보게 했고, 길을 가는데 불을 밝혀 주는 등불이 되어 주었다. 화두를 다시 들게 된 것은 큰스님에게 받은 가장 큰 도움이고 은혜였다.

그러한 스승의 보살핌과 지도로 공부를 하던 중에, 큰절에서 대중법문을 하던 큰스님이 "불법대의(佛法大義)가 무엇인가? 한번 일러볼 사람은 일러보시게"라고 하셨다. 그 자리에서 일어난 나는 법당 바깥에 있는 신발 한 짝을 가져와 당신 법상 앞에 올려놓았다. "그건 아니다!"라는 큰스님의 답에 나는 신발을 다시 제자리에 가져다 놓았다.

불법대의, 즉 불법의 큰 뜻과 선(禪)은 말로 설명될 수 없는 것이기에 법거량(法擧揚, 언어를 떠나 법에 대해 묻고 답하는 것)을 한 것이다. 법거량은 무언(無言)의 법문이기도 하다. 지금 생각해 보면 공부에 대한 열의와 큰스님에 대한 믿음, 그리고 나름의 지견(知見)과 용기가 있었기에 그러한 객기를 부릴 수 있었다. 설득과 고함으로 경책을 받고, 죽비와 몽둥이로 두들겨 맞아가며 큰스님의 사랑을 과분하게 받던 시절이었다.

그러한 시절인연이 있었기에 차분하게 마음을 다스리며 공부를 이어올 수 있었다. 그 은혜로움에 보답하기 위해서라도, 번잡한 서울살이를 하는 속에서도 산중에 있는 마음으로 질서와 규율을 지키고, 혹여 게으름을 피우거나 안일하게 살아가는 것은 아닌지 수시로 점검하게 된다.

그런데 한때 내가 그러했듯, 간화선을 공부하면서도 그에 대한 확신과 믿음 없이 공부하는 스님들을 왕왕 보게 된다. 간화선이 잘못됐다며 문제시 삼거나 새로운 수행법만 찾는 경우를 보면 안타까운 마음이 든다. 예전에 나를 걱정하던 큰스님의 심정을 이제 와서는 조금은 이해할 것도 같다. 그것은 실로 공부법이 아닌 믿음과 노력의 문제다. 간화선에 문제가 있는 게 아니라, 간화선을 하는 사람에게 문제가 있는 것이다.

신심과 의지와 믿음 없이는 그 어떤 수행법으로도 깨달음을 구할 수 없다. 최근 들어 남방불교 수행인 위빠사나를 하는 수행자들이 많아졌는데, 의심과 나태한 자세로 위빠사나를 한다면 그 결과 또한 마찬가지일 것이다. 결국은 제대로, 부지런히 하지 않는 것이 문제다. 한편 모든 수행법의 궁극적인 종지(宗旨)는 일치한다고 생각한다. 적당한 신심과 노력, 알음알이로 도를 구하려 하는 마음부터 애당초 잘못된 것임을 알아야 한다.

그날 밤, 일생일대사에 올바른 방향을 제시해 준 큰스님의 지도와 가피가 없었다면, 나 또한 이 길 저 길을 전전긍긍하고 있었는지 모른다. 그 한 번의 인연만으로도 스승에게 입은 은혜가 한량없이 크다. 이 공부를 마치지 않는 한은 갚지도 못할 일이다.

스승의 올바른 지도가 더욱 절실한 때인지라, 큰스님이 떠난 빈 자리가 더욱 크기만 하다. 그래서 법문을 하는 자리에서는 잊지 않고 챙기는 것이 있다. 큰스님이 남기고 간 '참사람운동'의 뜻을 사람들에게 전하는 일이다. 물질만능과 이기심이 팽배한 이 시대에 더욱 요구되는 정신이 아닐 수 없다. 비록 스승은 떠났지만 스승이 남긴 가르침은 얼마든 되새김질하고 따를 수 있기에, 언제 어디서든 희망은 있다.

기억하시게, 그대 안의 참사람
원만하고 둥글게 연마하는 공부, 탁마
잃어버린, 잊어버린 '주인공'을 찾는 운동
자나 깨나 초심
하심과 원력을 행(行)으로 보인 청화 큰스님
다름을 하나와 전체로 아울러
그 스승에 그 제자
이유 같지 않은 이유
물음에도 예(禮)가 있다
귀와 눈이 아닌 마음을 열어라
두 스승을 떠나보낸 아자방(亞字房)
큰스님이 냉방에서 잠을 청할 수밖에 없었던 이유
산도 옮기는 원력과 협심으로
선방에도 형만한 아우는 없다
빈부 중생 속에 '밥값'에 대한 화두를 들다
선방 수좌의 좌충우돌 서울 상경기

포교의 장

기억하시게,
그대 안의 참사람

'수처작주(隨處作主)'라, 가는 곳마다 주인이 되라는 뜻이다. 『임제록』에 소개된 임제 스님의 법문 가운데 서옹 큰스님이 가장 좋아하셨던 말이다. 이외에도 큰스님은 참사람을 뜻하는 '무위진인(無位眞人)'과, 자비가 다함이 없다는 뜻의 '자비무궁(慈悲無窮)'에 대해 자주 말씀하셨다. 평소에 글씨를 잘 써주는 분은 아니었지만, 꼭 필요한 사람에게는 위 세 가지 글귀 중 하나를 써 줄 만큼 그 뜻을 섬기며 좋아하셨다. 그만큼 큰스님은 임제사상의 영향을 받아 당신의 법문에서나 개인적으로 많은 얘기를 해 주셨다.

유교 집안의 자손으로 태어나 부모님을 일찍 여읜 큰스님은 불교전문학교를 마치고 백양사 만암 스님 밑으로 출가를 하셨다. 큰스님이 임제사상에 심취하게 된 것은 일본 유학시절이라고 한다. 백양사에서 수행하다 일본으로 건너가 임제대학을 다니셨는데, 그때 쓰신 논문이 지금도 교재로 사용될 만큼 지혜가 출중하고 모범적인 승려로 칭송을 받으셨다고 한다.

학교를 마친 후로는 간화선을 하는 조계종의 정맥인 임제종, 묘심사에서 6년간 수행하다 1972년에 한국으로 돌아오셨다. 그때부터 큰스님은 봉암사, 천축사, 동화사, 대흥사 등에서 조실로 계시다가, 운문암이 복원되면서 백양사로 오시게 됐다.

서옹 큰스님은 공부한 행적에서나 수행에서나 돈오돈수(頓悟頓修)적인 임제종사상이 분명한 분이셨다. 큰스님이 제창한 '참사람운동'도 임제사상을 이어받아 전개하신 것이다. 참사람은 본래 걸림이 없이 자유자재하고 참된 본성으로 사는 사람을 뜻한다. 그러한 참된 자아를 찾자는 내용의 참사람운동을 펼치며, 큰스님은 이 운동이야말로 가정과 사회, 국가를 위하고 인류를 구제할 수 있다고 믿었다.

오늘날 인류는 과학문명의 발달로 생활의 편리와 문명의 이기를 누리게 됐지만, 반면 기계문명과 거대 조직의 노예로 전락할 위기에 처해졌다. 침략과 전쟁, 분열과 갈등, 생태계의 오염과 파괴 등 여러 병폐를 비롯해, 본질적 문제만 보더라도 인간은 생로병사라는 필연적 한계에 갇혀 사는 존재다.

욕망적이고 이성적인 인간은 생사윤회를 거듭해야 하는 생명인 것이다. 이러한 비극의 실상에서 벗어나야 비로소 행복을 찾을 수 있다. 그러기 위해 우리는 의식과 무의식까지도 초월된 자리에 있는 참마음, 참사람을 자각하지 않으면 안 된다.

그렇다면 생사윤회를 거듭하는 우리의 생명이 절대 부정되어 무심(無心)의 경지에서 다시 절대 긍정된 그 자리, 그곳에 있는 우리의 본모습을 어떻게 해야 깨달을 수 있을까?

우선 알아두어야 할 것은 인간은 모든 생물과 대자연, 우주 전체가 한몸인 연기적(緣起的) 구조 속에서 상생한다는 사실이다. '나'라는 실체는 참마음의 동체대비(同體大悲)인 까닭에, 그것을 실현하기 위해 노력해야 한다. 따라서 남을 이롭게 하는 것이 곧 자기를 이롭게 한다는 사실을 깨닫고, 자리이타(自利利他)를 모든 생활에서 실천해야 한다. 이러한 참마음, 참사람 원리에 입각해 살아가고 시대를 끌어가야 인류가 진정 행복하게 깨어나고 소생할 수 있다. 이것이 바로 참사람운동의 취지이다.

한편 참사람 서원의 내용은 이러하다.

무상무주(無相無住)의 참나를 깨달아 자비를 실천하는 참사람이 됩시다.

어디에도 걸림 없이 자유자재하여 평등하고 평화스럽게 사는 인류의 역사를 창조합시다.

무정(無情)과 유정(有情)이 한 생명체이며 우주법계가 한 자리임을 자각해 서로를 존중하고 도와 사랑이 넘치는 세상을 만듭시다.

큰스님이 열반에 드신 지는 여러 해 흘렀지만, 당신이 그토록 제창한 참사람운동에 대한 서원과 노력만큼은 모두의 가슴에 뜨겁게 자리하기를 간절히 바래본다.

원만하고 둥글게
연마하는 공부, 탁마

　　　　　친한 친구 사이일수록 다툼이 잦고, 때론 다시는 안볼 사이처럼 싸우기도 한다. 하지만 그러한 과정 속에서 정이 쌓이고 익어간다. 마음을 갈고닦는 것을 업으로 하는 선방 스님들의 경우도 예외는 아니다. 한 절 한 방에서 동고동락하는 도반은 어찌 보면 속가의 친구보다 더한 정을 나눌 수밖에 없는 관계다. 그러기에 작은 일에도 토라지거나 서운함을 느끼기도 하고, 간혹은 멱살을 붙잡고 옥신각신할 때도 있다.

　스님들의 기질이 단순하면서도 열정적인 데가 있다 보니, 법담을 나누며 탁마를 할 때 종종 그러한 일이 벌어진다. 특히 공부에 한창 맛이 들릴 때는 물불 가릴 게 없을 만큼 혈기가 왕성해지고 공부에 대한 열의와 구도심이 절절해진다. 또 그만큼 공부에 대한 상이 커지기 때문에 그 시기에 자신을 객관적으로 바라보고 중심을 바로 잡지 못하면 길을 엇나가기 쉽다. 그래서 스승의 지도와 도반의 도움이 필요한데, 그러한 방편이 되는 것이 바로 탁마다.

'탁마(琢磨)'는 돌이나 쇠붙이의 거친 면과 모서리를 서로 문질러 부드럽고 매끈하게 다듬는 연마의 공정이다. 절에서는 도반과 법담을 나누며 공부에 대한 점검과 조언을 주고받는 것을 탁마라고 한다. 수행에 있어서 뿐 아니라 학문이나 수양, 기술을 닦는데도 탁마는 중요하다. 모나고 날카로운 부분을 쪼고 갈아 원만하고 둥글게 만드는 과정을 거쳐야만 비로소 원숙한 모습을 갖추게 된다. 하지만 그 과정에는 아픔과 고통이 따르기 마련이다.

부끄러운 고백이긴 하나, 내 경우는 도반과 탁마를 하던 중에 받은 상처로 승복을 벗을 생각까지 한 적이 있었다. 운문암에 살 때였는데, 큰절의 도움을 받지 못하고 대중들 공부 뒷바라지에 큰스님을 시봉하느라 여러 가지로 힘든 시기였다.

한편 큰스님의 영향으로 도심(道心)이 끓어올라 부지런히 정진하

던 중에 해제철을 맞게 되었는데, 근처 부락에 사는 신도로부터 공양청이 들어왔다. 두 도반과 마을로 내려가 공양을 한 후, 다른 선방에서 공부할 때의 얘기며 큰스님과 법거량 하던 일화를 주고받으며 차담을 나눴다.

그때 다소 정치적이고 알음알이가 크다고 느낀 한 도반이, 내 공부에 대해 자기 식으로 해석하고 왜곡한 말을 던져 자존심을 건드렸다. 그의 자극에 누구한테도 지고 싶지 않은 자존심과 오만함이 불쑥 올라왔다. 잠시 실랑이가 오다가 너무 화가 나고 서운한 나머지 그길로 나와 끊임없이 걸었다. 그때의 심정은 스님들 꼬락서니도 보기 싫을 만큼 지쳐 있어 승복을 벗어 던지고만 싶었다.

승복을 입어야만 승(僧)인가? 절에 있어야만 승(僧)인가? 이렇게 사는 것만이 수행(修行)일까? 온갖 질문과 생각이 마음을 어지럽히고 산란하게 만들었다. 그렇게 계속 걷다 보니 대구에까지 이르렀다. 결국 짐을 맡겨 놓은 한 신도집에 들러 며칠 신세를 지면서 더 이상 스님 노릇을 하지 않겠노라고 마음먹었다.

그런데 다음 날, 한창 잠을 자고 있는 나를 누군가 흔들어 깨웠다. 당시 운문암에서 입승을 보던 스님과 도반 스님이었다. 신도가 운문암에 연락해 무슨 일이 있었는지를 물어본 것이다.

"선방 수좌가 탁마 중에 오간 말 몇 마디 때문에 지금까지 공부한 것을 쉽게 포기하면 되겠소. 우리와 함께 돌아가십시다."

두 스님의 설득과 위로에 갈피를 잡지 못하고 흔들렸던 마음이 곧 제자리를 찾았고, 바로 자리를 털고 일어나 스님들을 따라나섰다. 탁마 중에 벌어진 웃지 못할 사건은 이것만이 아니다. 직선적이고 다혈질적인 성격 때문에 본의 아니게 유혈사태를 일으킨 적도 있었다.

절친한 도반과 차담을 하던 중에 도반이 자신이 깨쳤다는 소리를 한 것이 화근이 되었다. 사실 적잖은 수행자들이 공부 중에 오는 자각이나 신비한 체험을 깨달음으로 착각하는 경우가 종종 있다. 내 경우를 비추어 보아도 그러한 경험이 적지 않았기에 도반의 말에 나는 즉시 제동을 걸었다.

"깨침이라는 것은 부처와 조사의 지혜에 든 것인데, 자네가 지금 그러한 지혜로 살고 있는가? 깨친 이의 행동은 그 하나하나가 깨달음의 지혜와 자비에서 나올 일인데, 자네의 모습이 진실로 그러한가? 만일 그렇다면 내가 이런 말을 할 필요도 없겠네만, 내 보기에는 그런 것 같지 않네."

지행합일(知行合一)의 이치로 자신이 깨달은 것으로 착각하고 있는 상을 쳐주었지만, 그는 계속 주장을 했다. 그렇게 설왕설래(說往說來)하다 감정이 격해지면서 들고 있던 찻잔으로 도반의 머리를 살짝 쳤는데, 그만 피가 흘러내렸다. 아차 싶은 순간에 이미 큰 실수를 저지른 것이다. 도반은 아무런 말이 없었고, 나는 너무나 미안한 나머지 방에서 나와 버렸다.

물론 다음 날 찾아가 사과를 했지만, 격한 감정을 누르지 못해 벌어진 실수는 두고두고 씻을 수 없는 미안함과 자책을 남겼다. 물론 그 도반과는 지금도 의좋게 지내고 있다. 하지만 그를 대할 때마다 '도둑이 제 발 저리는 마음'은 어찌할 수 없는 노릇이다.

탁마 중에 벌어진 온갖 소란으로 커다란 위기의 순간을 맞기도 했고, 절친한 도반들과 잊지 못할 상처를 주고받기도 했다. 하지만 얼마나 다행이고 감사한 날들인가. 서로의 날카롭고 모난 부위를 부딪쳐 둥글게 연마해가는 과정이 없었다면 어찌 되었을까? 젊은 혈기와 공부에 대한 열정과 알음알이로 법집(法執)에 빠져들 때, 같은 길을 가는 이들의 객관적인 충고와 날카로운 조언이 없었다면 깨달음은커녕 교만과 아집만 깊어졌을 일이다.

어쩌면 지금 이 순간에도 탁마나 법담을 나누다 멱살을 잡고 옥신각신하는 수좌들이 있을는지 모른다. 그들에게 나는 그렇게 부지런히 부딪치고 싸우라고 일러 주고 싶다. 물론 아픔과 상처는 남겠지만, 그것은 한편 성숙되는 과정에서 새겨지는 훈장과 같은 것이기도 하다. 그리고 아무리 치열하게 싸운들, 법의 싸움은 세속의 일과는 달리 순수한 열정과 구도심에서 일어난 것이기에 돌아서면 금세 이해되고 풀어진다.

혹여 내게 뻘겋게 상기된 얼굴로 성을 내거나 뼈아픈 충고를 해 주는 친구가 있다면, 그의 얼굴을 다시 한 번 봐라. 남의 일을 자신의 일처럼 여기는 그 얼굴이 얼마나 고맙고 감사한 얼굴인가!

잃어버린, 잊어버린
'주인공'을 찾는 운동

 "큰스님, 참사람이 무엇입니까?"

한 불자가 서옹 큰스님께 물었다. 큰스님은 눈가에 초승달 같은 미소를 그리며 답하셨다.

"자네가 바로 참사람이네."

또 하루는 선방에서 공부하는 수좌가 큰스님을 찾아와 물었다.

"참사람이 무엇입니까?"

수좌의 질문이 끝나기가 무섭게 큰스님은 "할!" 하고 소리쳤다. 자기 안의 주인공을 찾자는, 이른바 '참사람운동'을 전개하면서 많은 사람들이 큰스님에게 참사람이 무엇인지를 물었다. 큰스님의 답은 그때그때 달랐다. 때로는 자상하고 쉽게, 때로는 "할!"이라는 외침 하나로 각자의 근기에 맞게 답을 일러 주셨다.

큰스님의 방 문턱은 낮았다. 누구든 당신을 뵙고자 하는 사람들에게 큰스님은 흔쾌히 시간을 내 주셨고, 언제든 그런 이들을 만나고 싶어 하셨다. 그래서 법에 대해 알고 싶어 하는 이들은 물론이고 그저 인사를 올리고자, 혹은 여타의 목적으로 찾아오는 이들도 어렵지 않게 큰스님을 친견할 수 있었다.

그런데 법을 묻는 것 외에 다른 목적으로 찾아온 이들에게도 큰스님은 말씀 몇 마디로 그들 안에 내재된 도심(道心)을 일깨워 주셨다. 가령 근처 부락에 사는 처사가 차(茶)나 과일 등을 공양 올리면, 큰스님은 공양물의 내용을 묻곤 하셨다.

"그게 무엇이냐?"

"차입니다."

"무슨 차냐?"

큰스님은 이렇게 다시 질문을 던지셨다. 만약 처사가 "대추차입니다."라고 답하면 큰스님은 "똥덩어리보다 못한 중생들아! 그 답은 맞지가 않는 것일세!"라고 호통을 치셨다. 졸지에 똥보다도 못한 존재가 된 처사는 순간 당황해하거나 어리둥절해 하다가도 곧 정신이 깨어나 그 의미를 알아차렸다.

"앞으로 열심히 공부하겠습니다."

"암만, 그래야지. 그래야 하네."

큰스님은 그렇게 당신을 찾아오는 사람들에게 그들이 준비해 온 공양물을 인용하거나, "자네의 고향은 어디인고?"라는 물음을 던져 발심을 일으키게 했다.

사람들의 근기는 제각각이라, 큰스님의 질문의 의미를 곧바로 이해하는 이도 있었고, 자신의 고향을 곧이곧대로 말하는 이들도 있었다. 후자의 경우에도 큰스님은 "본래 고향은 어디냐?"라는 물음으로까지 이어가며 그들 안에 잠재된 도심을 흔들어 깨웠다.

때론 자상하고 인자하신 모습으로, 때론 엄한 경책과 벼락같은 호령으로, 그리고 때론 묵묵부답이나 몽둥이를 높이 치켜들고는 어리석은 중생심을 일깨워 주신 큰스님. 세수 여든이 넘은 연세에도 불자들과 포행하며 자유롭게 법문을 들려주시고, 다방면으로 공부의 길로 이끌어 주신 큰스님의 일념과 원력은 실로 대단했다.

'일일부작(一日不作)이면 일일불식(一日不食)'이라는 백장 스님의 정신과 많은 제자들을 길러낸 마조 스님처럼, 서옹 큰스님은 매일

매일 운문암을 찾는 수많은 납자들과 재가불자들을 지도하기 위해 투혼을 쏟아내셨다. 폭우가 내려 운문암에서 큰절로 내려오는 길에 시냇물이 범람해도, 폭설로 길사정이 여의치 못할 때도 큰스님은 대중의 등에 업히거나 걸어서라도 큰절까지 내려와 법문을 하셨다. 당신의 건강이 좋지 못할 때는 나무로 얼기설기 엮은 가마를 동원해서라도 법문을 거른 적이 없었다.

그러한 모습 자체가 실은 가르침이었다. 어떠한 악조건에서도 당신의 원력을 끊임없이 펼치는 모습에 대중들의 마음은 절로 숙연해졌고, 응당 환희심과 신심이 일어날 수밖에 없었다.

열반에 드신 후에도 큰스님은 못 다한 자비와 사랑을 참사람운동에 대한 서원으로 남기셨다. 자기 자신이 부처와 같은 존재인 참사람임을 깨달아, 가정과 사회, 국가와 인류를 맑히고 밝힐 참사람운동은 이제 큰스님의 가르침을 따르고자 하는, 또 자신의 참모습을 찾고자 하는 모든 이들의 원력이 되었다. 부처님의 뜻이 그러했듯 수많은 조사들의 말씀이 그러했듯, 스승은 떠났지만 그들이 일러 준 법과 가르침은 우리 곁에 남아 길을 밝혀 주고 있다.

그러니 스승을 잃고 헤매는 이 시대의 수행자들에게도 희망은 있다. 지혜롭고 자비로운 역대 스승들의 가르침과 자기 자신을 등

불로 삼아 무소의 뿔처럼 갈지어다. 중생들에 대한 걱정과 사랑을 한시도 놓지 못해 서옹 큰스님이 남기고 간 참사람운동 또한 참된 주인공을 잃어버린 우리들에게 그러한 등불이 될 것이다.

자나 깨나 초심初心!

 무엇이든 어떤 일을 시작할 때는 새로운 마음을 먹게 된다. 불가에서는 흔히 그 마음을 일컬어 '초심(初心)'이라고 한다. '처음과 같이' 혹은 '처음처럼'이라는, 식당에서도 한 번씩 만나게 되는 초심과 관련된 문구는 일반인들에게도 친숙한 글귀다. 사람들은 흔히 새해가 되면 새로운 계획과 더불어 그와 같은 마음을 먹곤 한다. 물론 작심삼일로 끝날 때가 대부분이지만, 다음해가 되면 다시 초심을 찾고자 한다.

식당에서도 흔히 만날 만큼 초심은 대개의 사람들에게 중요한 마음으로 인식되어 있다. 그만큼 실천하기 힘든 마음이기도 하다.

초심은 불가의 스님들에게도 실천하기가 만만치 않은 말이다. 순간순간 변해가는 것이 사람의 마음이기 때문이다. 오죽하면 그 마음을 빗대어 '화장실 들어갈 때와 나올 때의 마음이 다르다'는 속담이 있겠는가? 처음과 같은 마음의 가치와 의미는 그래서 더욱 보배로운 법이다. 이처럼 변죽이 죽 끓듯 하는 마음. 초심은커녕 그 마음을 언제 먹기나 했던가싶을 정도로 매너리즘과 나태함, 사리사욕 등에 빠져 초심을 잃는 경우를 절에서도 종종 보게 된다.

가령 그 예로 시자의 소임을 들 수 있다. 귀한 어른을 모시고 시중을 드는 사람을 '시자(侍者)'라고 하는데, 절에서는 어른 스님을 시봉하는 스님을 일컬어 시자라고 한다.

시자의 역할은 막중하다. 평소에는 어른 스님의 일거일동이 불편함이 없도록 시봉해야 하고, 어딘가를 출타하실 때는 정성스럽게 보필해야 한다. 또 사람들이 법을 물으러 왔을 때나 취재나 기자회견 등을 하러 왔을 때는 공손한 마음가짐으로 어른 스님을 친견할 수 있도록 도와야 한다. 그래서 시자는 차와 공양, 방청소, 출타 등과 관련된 어른 스님의 일상을 돕는 일명 '몸시자'가 있고, 대외적인 일을 담당하는 시자, 절의 전반적인 일을 책임지고 보고하는 시자 등으로 나뉘어 여러 역할을 분담하게 된다.

그만큼 중한 자리이기에 시자는 지혜가 있고 자질이 있어야 한다. 무엇보다 어른을 편히 모시고 많은 이들에게 이로움을 주기 위해 초심과 하심을 유지해야 한다. 그래야 큰스님과 대중이 불편함이 없고 자신에게도 이로움이 따른다. 시자의 소임을 성실히 하다 보면, 어른 스님의 영향을 받아 공부도 열심히 하게 되고 소견도 차곡차곡 정리가 되어 배운 것을 닦고 익히는 기회가 된다. 그러니 시자는 어려운 한편 보람된 소임이라고 할 수 있다.

하지만 어떤 자리든 초심을 잃어버리면 병폐가 생겨난다. 시자도 마찬가지다. 처음에는 순수한 마음으로 역할을 해 나가다 어느 순간 어른 스님에게 누가 되게 하는 물의를 일으키곤 한다.

가령 어른 스님의 입장을 헤아리지 못하고 대중에게 말을 어긋나게 전하거나 사리사욕이 앞서 어른 스님을 독점하려 하고, 때론 어른 스님의 흉내를 내며 법집만 키우는 경우도 있다. 결국 어른 스님은 물론 많은 대중에게 불편을 끼치고, 그러한 과오는 부메랑이 되어 상처로 되돌아온다. 그러니 시자는 잘하면 한량없는 공덕과 지혜를 얻을 수 있지만, 잘못하면 상처뿐인 자리라고 할 수 있다.

그런데 어떤 자리인들 다를까? 여러 사람을 이롭게 하고자 하는 이타심과 순수한 마음을 초심으로 삼아 그 마음을 잃지 않는다면, 무슨 일에서든 커다란 공덕을 쌓을 것이다. 한편 남을 위하는 마음이 곧 자신을 위하는 길임을 깨닫는 지혜를 더불어 얻게 될 것이다. 하지만 초심을 지키지 못한다면, 아무리 좋은 자리에서도 남는 것은 고통과 상처뿐일 것이다. 그러니 자나 깨나 초심! 초심이 꺼지지 않도록 부지런히 살피고 지키자.

하심과 원력을 행行으로 보인
청화 큰스님

백양사에서 서옹 큰스님을 모시고 살던 어느 날, 태안사 선방에 방부를 들이게 됐다. 그곳에는 한국불교계에 염불선의 새바람을 일으킨 청화 스님이 주석하고 있었다. 청화 스님은 백양사 금타 화상의 제자로, 당시 수행을 잘하는 어른으로 위상을 떨치고 있었다.

서옹 스님과 금타 화상은 같은 문중의 사형사제지간으로, 법맥으로 치면 청화 스님은 서옹 스님의 조카상좌가 된다. 서옹 스님은 평소 금타 화상에 대한 자랑을 많이 하셨다. 지혜가 출중하신 분으로, 사회에서 생활하실 때는 건축설계를 잘하는 분이었다고 한다.

그런데 청화 스님이 출가를 결심했을 때 처음 찾아뵌 어른은 금타 화상이 아니라 서옹 스님이었다. 하지만 두 분이 추구하는 불교 사상과 견해에는 차이가 있었다. 서옹 스님은 조계종의 종지인 간화선을 주장하시는 반면, 청화 스님은 통불교적인 사상을 갖고 계셨던 것이다. 말하자면 다양한 수행법을 인정하고 그것을 통합한 불교를 지향하셨다. 결국 출가를 보류한 청화 스님은 후일 운문암에서 당시 그곳에 주석하고 계신 금타 화상을 은사로 모시고 출가했다.

내가 백양사를 떠나 태안사에서 안거를 들기로 결심한 데에는 사실 모종의 계획이 있었다. 서옹 큰스님의 참사람운동에 좀 더 큰 힘을 실어 줄 어른이 필요하다고 여긴 것이다. 가난하고 어려운 시절에 두 어른이 힘을 합치면 백양사의 중흥과 발전은 어렵지 않은 일이었다.

"스님, 제가 태안사에서 안거를 지내면서 청화 스님이 운문암에 오실 수 있도록 권유해 보겠습니다. 두 분이 화합하시면 청화 스님이 법을 펴시는데도, 또 참사람운동에도 더욱 큰 활력이 생길 것입니다."

_곡성 대안사 선원 하안거 참선 중

서옹 큰스님에게 내 생각을 말씀드리니, 큰스님은 흔쾌히 동의해 주셨다.

"청화 스님이 본사로 들어와 산다면 그보다 기쁜 일이 없지."

태안사는 소문대로 청화 스님을 따르는 사부대중이 모여 부지런히 정진하는 도량으로 그 면모가 새롭게 바뀌어 있었다. 태안사는 구산선문 중 하나로 화엄사의 말사인데, 예전에 태안사에 잠시 들렀을 때의 기억이 무색하리만치 그 모습과 기운이 확연히 달라져 있었다.

당시 태안사는 도량 구석구석이 사람이 살 수 없을 정도로 폐허가 되어 있었다. 그런데 지금은 명실공히 구산선문다운 면모를 갖추고, 스님들은 물론 재가불자들까지 열심히 수행하는 도량으로 변한 것이다. 도량에 발을 디디는 순간, 청화 스님의 원력이 얼마나 대단한지를 대번에 실감할 수 있었다.

태안사 선방에서도 나는 입승을 맡아 살았다. 그러던 어느 날 청화 스님이 시자를 통해 처소로 오라는 전갈을 보내오셨다.

"스님께서 백양사에서 서옹 큰스님을 잘 모시고 계신다는 소리는 익히 들었는데, 이곳에서까지 와 공부하는 것을 고맙게 생각하고 있습니다."

청화 스님은 누구에게나 그러하듯 내게도 말씀마다 존댓말을 하시며 상대에 대한 존중을 표하셨다.

"제가 여기에 온 것은 다름 아니라, 스님을 백양사에 모셔가고픈 바람 때문입니다. 백양사의 여건이 여러모로 어렵다 보니, 스님이 백양사에 오시어 큰스님 곁에 계시면서 힘을 보태 주시면 더욱 큰 발전과 활력이 생길 것입니다. 그리고 이렇게 어려운 때에 집안의 두 어른께서 힘을 합하시면 그보다 좋은 일은 없을 것입니다."

"서옹 큰스님은 집안의 큰 어른이신데다, 이곳 용상방(龍象榜)에 큰스님을 조실로 모시고 있을 만큼 내가 흠모하고 존경하는 스님입니다. 비록 이곳에 와 살고 있지만 마음만은 늘 큰스님을 모시고 살고 있지요. 물론 어떤 기회와 때가 오면 가까이에서 모실 날이 있겠지만 지금은 갈 수가 없는 상황입니다."

당신의 입장과 상황을 밝힌 청화 스님은 공부에 대한 이야기로 화제를 바꿔 대화를 이어가셨다.

"해제 때면 제방(諸方) 소식을 듣곤 하는데, 스님에 대한 얘기도 많이 들었습니다. 백양사에서 큰스님을 보필하면서 공부를 잘하는 수좌가 있다고 하더군요. 제 상좌인 도일 스님과는 강원과 율원 동기이고, 또 지선 스님의 상좌라고 하기에 수좌들이 나누는 얘기를 더욱 유심히 들었는데, 이렇게 태안사에 오신 것이 기쁘고 좋습니다."

"공부는 한 푼어치도 안 되는데 이름은 서너 푼어치로 나돌아 부끄럽습니다. 큰스님 영향을 받아 나름 열심히 하다 보니 좋게 전달된 것 같습니다."

그러한 첫 대화가 오간 후로 나는 청화 스님과 자주 독대를 하게 되었다. 애초에 바랐던 계획은 비록 이뤄지지 않았지만, 청화 스님은 당신의 사상과 공부에 대한 이야기를 통해 내게 더욱 깊은 발심과 견해를 갖게 했다. 항시 당신을 낮추고 상대를 공경하는 모습, 그리고 새롭게 변모된 도량의 모습으로 하심과 원력이 무엇인지를 또한 여실히 보여 주신 어른이 바로 청화 큰스님이다.

다름을 하나와
전체로 아울러

태안사에서 청화 큰스님을 매일 독대하며 대화를 나누던 어느 날이었다. 스님은 문중의 관계를 떠나 같은 수행자로서 공부한 내용에 대해 대화를 나누고 싶어 하셨다.

"일대사를 공부하는 같은 수행자로서 무엇을 꺼릴 게 있겠습니까. 오늘은 권속과 문중을 떠나 공부한 얘기를 진솔하게 나눠봅시다."

청화 스님은 조카상좌가 되는 내게는 물론 당신의 상좌들에게도 반어를 쓰는 법이 없으셨다. 그만큼 당신을 낮추어 상대를 높였고 누구에게나 따뜻하고 인자하셨다. 하지만 당신 자신에게는 그저 부처의 한 제자이며 비구로서 엄하고 철저한 수행자였다. 평생 동안 장좌불와와 일중식(日中食) 등의 고행을 실천하신 것만으로도 그 점은 누구나 인정하는 사실이다.

그날 스님의 말씀에 나는 공부를 총체적으로 점검받을 수 있는 좋은 기회라는 생각이 들었다. 그래서 출가 후 공부한 과정과 내용을 기억나는 대로 소상히 말씀드렸다. 무엇보다 몸이 힘들고 정신적인 방황이 커서 화두가 들리지 않았던 상황과 공부를 포기하고만 싶었던 당시 심정에 대해 털어놓았다. 그리고 불국사에서 비로소 화두가 들리기 시작했던 계기와, 그 후 몸뚱이도 잊고 며칠이라도 화두에 일몰할 수 있었던 경험에 대해서도 말씀드렸다.

"그때는 화두만 있을 뿐 다른 생각은 일절 없었습니다. 화두 하나가 제 전체였습니다."

열심히 설명을 드리면서도 체험적인 내용을 말로 표현하기란 역부족하다는 생각이 들었는데, 청화 스님은 그 상황을 바로 이해하셨다.

"그러한 정진력과 경험은 저와 일치하는 부분이라 잘 알 수 있습니다. 그 정도 공부한 것도 어려운 일이라 집안의 경사가 아닐 수 없군요. 다행히 그 후로도 큰스님 지도아래 바른 길로 들어선 것 같고 공부를 잘하고 계신 것 같아 다행이고 기쁩니다."

청화 스님은 훈훈한 미소를 지으시며 당신의 공부 과정에 대해서도 이야기를 들려주셨다.

"고행이라면 아마 나만큼 해 본 사람이 없을 겁니다. 토굴에 들어갈 때면 쌀 몇 되만 갈아가지고 들어가곤 했지요. 오후불식과 묵언도 했고 장좌불와와 일중식도 꾸준히 하며 그렇게 몸부림친 시간들이 많았습니다. 수십 년 그렇게 해 본 결과, 공(空)의 경계는 확인을 했지요. 애기를 들어 보니 스님도 어지간히 몸부림을 친 것 같습니다. 그 정도까지 왔으면 앞으로는 공부가 이전보다 수월하겠지만, 그래도 많은 장애가 남아 있을 겁니다. 부디 그 장애를 잘 해결해 계속 정진하시길 바랍니다. 그리고 언제든 나와 탁마를 나누며 공부해 일대사문제를 해결하고 자유자재한 삶을 살아봅시다."

청화 스님은 문중의 대선배로서 과분한 칭찬과 격려를 해 주셨다. 그리고 염불선에 대한 당신의 생각과 입장을 분명히 밝히셨다. 청화 스님은 염불선을 제창한 분으로 널리 알려졌지만 그에 대한 오해가 따르곤 했다. 그것은 염불선을 주장하는 것은 간화선을 인정하지 않는 것이라는 단견에서 비롯된 오해였다. 하지만 청화 스님은 통불교에 입각해 근기에 맞는 수행법을 강조하셨고, 하근기 수행자에게는 화두선보다 염불선이 효과적이라는 생각을 갖고 계셨다.

청화 스님은 무엇보다 당신의 기본사상이 '통불교'라는 사실을 누누이 말씀하셨다. 그것은 염불선에 대한 당신의 입장과 생각이 내포된 말씀이기도 했다. 말하자면 염불선만 좋은 수행법이라는 얘기가 아니라, 염불선도 좋은 수행법 중 하나라는 것이다.

하지만 당시에는 청화 스님이 염불선이 최고의 수행법이라고 주장하신 것으로 잘못 오해하는 시각이 있었다. 스님은 그러한 입장을 내게도 여러 차례 설명해 주셨다.

"염불선은 염불만 하는 것이 아닙니다. 실상염불을 관하는 것에 그 종지가 있지요. 거기에서 확실한 깨달음을 얻을 때 자기 문제를 해결할 수 있고 본래면목을 찾는 것입니다. 말하자면 화두공부와 크게 다르지 않습니다. 일각에선 나를 염불선을 하는 사람으로만 보는데, 나는 통불교적 사상에서 화두선도 염불선도 위빠사나도 모두 인정합니다. 다만 불교에 처음 입문한 사람은 간화선보다 염불선을 하는 게 더 효과적이라는 생각에서 염불선을 권하지만, 상근기 수행자들에게는 꼭 염불선을 하라고 하지 않습니다. 무엇보다 자기에게 맞는 수행법을 찾아 공부하는 것이 중요하지요. 그래서 염불선을 하는 사람은 염불선으로 본래면목을 찾고, 화두를 들어 공부할 사람은 그길로 일대사를 해결하는 것이지, 어떤 수행법이 더 좋고 나쁘다를 가릴 문제는 아닙니다."

청화 스님은 염불선을 접하신 계기와 서옹 큰스님의 제자가 될 수 없었던 이유에 대해서도 들려주셨다. 스님이 염불선을 접하고 관심을 갖게 된 것은 사실 출가 이전부터였다고 한다. 일본에서 학교를 다닌 이력 때문에 일본서적과 그와 관련된 불교서적을 많이 접하면서 염불선에 관심을 갖게 되었다.

"그때부터 염불선에 관한 책을 많이 읽었지요. 원래는 내가 서옹 큰스님 밑으로 출가하려고 목포 정혜원에서 사상적 이론에 대한 탁마를 받으며 큰스님과 많은 대화를 나눴습니다. 하지만 원융적이고 통불적인 사상으로 불교에 접근하고 싶었던 터라, 큰스님과 견해가 맞지 않았습니다. 그래서 그때는 출가를 못했지요. 그런데 일본의 염불선에 대한 책을 나름대로 읽고 연구해 보니 그에 대한 이론이 정리됐고, 그렇게 공부하다 나중에는 본래면목을 참구해 공부했습니다. 그렇게 제방의 여러 토굴을 돌며 염불선을 하고 본래면목을 참구하며 공부한 것을 바탕으로 사부대중을 지도하고 있지요."

 청화 스님은 그렇게 사상적으로나 실제 수행에 있어서나 모든 법의 이치가 구별 없이 하나로 융합되는 원융과 여러 불교사상을 종합한 통불교를 지향하신 분이었다. 사실 통불교는 우리나라 불교역사를 특징짓는 말이라고 할 수 있다. 삼론종, 법상종, 율종, 천태종, 화엄종, 선종, 정토종, 진언종 등 여러 분파가 생겨난 중국불교의 특성을 분파불교, 인도를 원천불교라고 할 때, 우리나라는 일찍이 모든 분파를 통합한 회통불교(會通佛敎)를 내세웠다.

 여러 교리와 종파의 갈등을 원융사상과 통불교로 정리한 이가 바로 원효대사였다. 원효는 '만법일심(萬法一心) 삼계유심(三界唯心)'이라 하여 "모든 교리가 마음의 근원으로 돌아오고 삼계가 오직 마음에 있다."는 회통불교를 주장했다. 그러니 통불교는 우리 불교를 대표하는 전통사상으로, 청화 스님의 염불선 또한 그것에 근간한 것이다. 모든 것을 법과 마음의 이치로 하나로 아울렀던 원효의 사상이, 태안사에서는 그렇게 청화 스님을 통해 실현되고 있었다.

그 스승에 그 제자

 송광사에서 구산 스님의 다비식에 참석하고 돌아오는 길에 태안사를 들렀다. 태안사는 그야말로 폐허와 다름없었다. 구산선문 중 하나라는 사실이 무색할 정도로 도량 곳곳에서 비가 새고 있었다. 법당을 비롯해 요사채 구석구석이 도저히 사람이 살 엄두가 나지 않을 만큼 낡고 허물어져 있었다. 그런데 그러했던 도량이 옛 면모를 되찾게 된 것은 바로 청화 스님의 원력 때문이다.

청화 스님은 폐허가 된 태안사에 들어가 건물을 보수하고 선방을 지어 불사를 시작했다. 선방 수좌들이 공부할 수 있는 여건은 물

론 재가불자들도 공부할 수 있는 시설과 환경을 만들어갔다.

한편 천도재와 구병시식 등의 의식을 통해 죽은 영가들을 위한 천도에도 각별히 신경을 쓰셨다. 그것은 태안사 살림과 운영에 큰 보탬이 되는 방편이 되기도 했다. 청정한 수행력으로 지장보살의 역할까지 마다하지 않으며, 폐허가 된 태안사를 다시 살려내는 데 몸을 아끼지 않았던 청화 스님은, 그러한 상황에서도 수행자로서 돈과 거리를 멀리하며 살림을 꾸려가셨다.

당신 자신에게는 엄격하고 철두철미했던 청화 스님의 수행력과, 태안사를 구산선문으로 다시 일으켜 세운 원력의 힘은 가히 놀라울 정도였다. 그러한 내용을 속속들이 알게 된 것은 청화 스님의 상좌인 도일 스님 때문이다. 도일 스님과 나는 은사의 항렬에서 보면 사촌지간의 사형사제 관계이다. 하지만 그보다는 배울 점 많고 의리 강한 도반의 기억이 더욱 강하다.

강원에서 우연히 만나 갑장으로서 절친한 우정을 나눴던 도일 스님은 머리가 좋고 암기력이 뛰어났다. 하지만 몸이 약했고 악필에다 빨래하기를 싫어했다. 그래서 해제 때가 되면 그토록 하기 싫어하는 빨래나 대필을 해 주곤 했다.

한편 도일 스님은 폐가 좋지 않아 방황하는 내게 커다란 위안과 힘을 주었다. 호두나 잣 등 건강에 좋은 주전부리가 생기면 가장 먼저 나에게 챙겨다 주었고, 어디서 돈이 생기면 약을 사 먹으라며 찔러 주기도 했다. 또 고기를 먹지 않으려는 내게 '폐에는 고기가 보약'이라고 호통을 치며 사 주곤 했다.

그렇게 상부상조하며 지낸 도일 스님과 더욱 깊은 인연을 나누게 된 것은, 나의 방황을 지켜보던 그가 율원에 함께 가자며 제안한 것이 계기가 되었다. 당시는 폐가 나쁘다는 것을 알면 대개가 균을 옮기는 전염병 환자로 취급해 기피했는데, 그는 단 한 번도 불편해하거나 싫어하는 내색이 없었다. 심지어는 나와 함께 밥을 비벼먹고 찌개를 나눠먹기도 했다. 체구는 조그마해도 마음이 바다처럼 넓고 용심이 큰 도반이었다.

그때도 도일 스님은 내게 은사 스님에 대한 얘기를 자주 들려주곤 했다. 출가 전부터 청화 스님이 훌륭한 수행승이라는 소문을 듣고 궁금하게 여겨 결국 청화 스님을 찾아가 출가했다는 출가 동기에서부터, 수행 가풍, 은사에 대한 믿음과 존경심에 대한 내용이었다. 그런 그가 훗날 태안사에서 청화 스님을 모시고 주지로 살게 됐을 때는 기쁜 만큼 걱정이 컸을 것이다. 하지만 용심만큼 공심 또한 큰 그의 성격을 학인 때부터 익히 경험한지라, 나는 그가 공과 사를 가려 살림을 잘 꾸리고 청화 스님을 누구보다 성심껏 보필하리라는 걸 알았다.

태안사에서 해후한 그는 그러했던 내 믿음과 기대처럼 야무지고 부지런하게 살고 있었다. 그는 예전과 다름없었다. 가난한 절에서 백여 명의 사부대중이 결제해제가 따로 없이 정진하며 살아가는데도 먹고사는 데 지장이 없는 것은 큰스님의 후광 때문이라며, 은사에 대한 존경심을 표했다. 한편 그토록 큰 어른을 모시고 사는 것에 대한 부담과 걱정을 한시도 놓지 못했다.

"큰스님은 일절 물욕에는 관여하시질 않네. 사부대중을 보살피고 정진하시는 데만 오직 힘을 쏟으시고, 내게 늘 대중들을 애호하는 역할을 잘해 주기를 부탁하시는데, 주지로서 당신의 원력에 못 미칠까봐 죄송스럽고 걱정일 따름이네."

"자네의 그런 마음이 무엇보다 중요하지 않겠나. 그러니 너무 걱정 마시게. 내 보기에는 큰스님의 뜻을 잘 받들어 살고 있는 것 같으니."

유유상종의 마음에서일까. 도반의 걱정에 운문암에서 서옹 큰스님을 모시고 살 때가 떠올라 그 마음을 십분 이해할 수 있었다. 그러한 도반을 바라보며 한편으로는 나는 과연 큰스님을 잘 보필하고 살았던가에 대한 점검과 아쉬움이 따랐다. 그 후로도 도일 스님은 내가 태안사를 찾아갈 때면 자기만의 속사정을 토로하곤 했다.

"내가 계행이 철저하게 바르고 지혜가 있다면 큰스님과 사부대중을 더 잘 모시고 살 텐데, 부족함이 많다 보니 죄스러움이 많네. 몸이 부서지더라도 최선을 다해 큰스님을 보필하고픈 마음인데, 전생의 습기와 인연 때문에 마음만큼 몸이 따르지 않으니 괴로울 때가 많지. 그래서 어떨 때는 큰스님을 떠날 생각도 했고, 먼발치에서 눈물을 흘릴 때도 있었다네."

도반의 고백에 나는 속으로 감탄했었다. 자식에 대한 부모의 사랑, 제자에 대한 스승의 사랑처럼 내리사랑도 위대하지만, 스승에 대한 제자의 사랑과 믿음 또한 얼마나 크고 굳건한지를 그를 통해 실감했다. 그 스승에 그 제자라, 스승도 빼어난 분이었지만 그 제자 또한 그러했다. 그러한 도반에게 나는 이렇게 위로했다.

"얼굴로 보나 체구로 보나 복이 아무 데도 없는 것 같은데, 자네는 무슨 복이 그리 많아 청화 스님을 시봉하며 중책을 맡고 있는지 모르겠구먼. 아마도 용심과 공심이 커서 생긴 복이 아닌가싶네. 그러니 암말 말고 큰스님을 잘 보필하면서 선방 스님들과 사부대중들 외호하는 데에만 힘을 쓰게."

누구보다 스승에 대한 사랑과 존경심이 컸던 도일 스님. 그를 본 지는 오래됐지만, 나는 잘 알고 있다. 청화 스님이 열반에 드신 후 은사를 향한 그의 사모곡이 더욱 애절하고 깊어졌으리라는 것을······.

이유 같지 않은 이유

서옹 스님을 비롯해 조계종의 큰스님들께서 연이어 열반에 든 해가 있었다. 후학을 지도하며 든든한 버팀목이 되어 준 스승들을 떠나보낸 후 한국불교는 위태로운 위기를 맞게 되었다. 조계종의 종지인 화두선에 있어 스승의 부재는 수행의 전통과 법맥이 흔들리는 것과 같다. 어쩌면 그 위기는 진작 시작됐는지 모른다. 오늘날의 화두선은 재가불자들은 물론 스님들에게조차 어렵고 힘든 수행법으로 인식되었고, 이른바 남방불교 수행법인 위빠사나가 새로운 수행풍토로 자리를 잡아가고 있다.

〔부처님이 한 수행법으로 알려진 위빠사나는 물론 훌륭한 수행법이다. 하지만 벌레를 잡아먹은 새가 다른 큰 새에게 잡혀 먹히는 모습을 보고 충격을 받은 어린 싯다르타가 나무 아래 앉아 생각에 잠겼을 때, 그리고 수년의 고행을 마친 싯다르타가 우유죽을 먹고 기운을 차린 후 보리수 아래에서 명상에 들어갔을 때, 그것은 기실 화두선과 다를 게 없었다. 화두는 굳이 천칠백 공안 중 하나가 아니어도 된다. 자기가 간절히 의심나는 주제에 대해 오롯이 한생각으로 몰두하는 것, 그것이 화두선이기 때문이다. 따라서 선(禪)은 약육강식과 생로병사에 대한 강한 의문과 의심으로 시작해 결국 그것을 타파한 석가모니의 깨달음의 여정이기도 하다.〕

어떤 수행법이 더 우월하고 좋다는 얘기를 하고자 하는 것이 아니다. 다만 우리 불교의 전통인 선의 가치성과 그것을 지켜야 하는 당위성에 대해 말하는 것이다. 한편 화두선을 어렵게만 생각할 필요는 없다는 얘기다. 물론 예전처럼 그것을 점검하고 지도해 줄 훌륭한 스승이 많지 않아 안타깝지만, 그래도 진제 스님과 송담 스님 같은 어른들이 아직 우리 곁에 계신 까닭에 미래가 어둡지만은 않다.

만공 스님과 전강 스님의 법맥을 잇는 송담 스님을 북방의 도인이라 한다면, 부산 해운정사의 진제 스님(현 대한불교조계종 종정 스님)은 혜월 스님과 운봉 스님, 향곡 스님의 법맥을 잇는 남방의 도인이라고 할 수 있다. 진제 스님은 해운정사에 머물며 공부하던 시절에 처음 친견했는데, 내가 서옹 큰스님 밑에서 공부하다 왔다는 사실만으로도 흐뭇해하시며 반갑게 대해 주셨다. 그리고 서옹 큰스님의 안부를 비롯해 하루 일과를 어떻게 보내시고 어떻게 수행하고 계시며 후학들을 어떻게 지도하고 계신지에 대해 묻곤 하셨다.

"큰스님께서는 새벽 3시에 일어나 요가를 하신 후, 젊은 시절부터 성철 스님과 주력하셨다는 「능엄주」를 독송하십니다. 그런 후 참선을 하시고 공양을 하신 다음 포행을 하시고, 오전에는 대중들과 함께 좌선을 하시며 경책과 독참을 해 주십니다. 일주일에 한 번씩은 『벽암록』을 제창해 사부대중을 지도하시고, 누가 찾아와도 시자를 거치지 않고 독대할 수 있도록 배려하고 격려를 해 주곤 하십니다."

"그러한 선지식이 없네. 평소 흠모하는 어른이긴 했지만, 자네 얘기를 듣고 보니 근세의 도인임은 더욱 틀림없는 사실일세."

진제 스님의 말씀에는 당신의 은사인 향곡 스님의 도반이기도 했던 서옹 스님에 대한 존경과 믿음이 가득 차 있었다. 개인적으로 해운정사의 생활은 여느 곳과 다를 바 없이 수행 정진하는 삶의 연속이었다. 다만 다른 곳에 비해 음식이 부실한 편이라 대중들의 원성이 잦았다.

당시 해운정사 선원에는 선방 수좌들을 비롯해 재가불자들만 해도 백여 명 이상이 정진하고 있어 살림이 넉넉하지 못했다. 음식이 검박한 데에는 또 다른 이유가 있었는데, 공부하는 사람은 음식이 부족해도 넘쳐도 안 된다는 진제 스님의 소신 때문이었다. 입승을 보던 내게, 바다가 인접해 있으니 미역을 사달라는 수좌들의 건의가 들어왔을 때도 조실인 진제 스님은 다음과 같은 말씀을 하셨다.

"수좌 스님들이 먹는 것에 집착하면 공부가 안 될 뿐 아니라, 음식이 풍족해도 공부가 안 되고 혼침이 오기 때문에 음식은 다만 배가 고프지 않은 선에서만 먹고 정진에 힘써야 하네."

우리나라가 한참 어렵던 보릿고개 시절을 경험하며 공부한 진제 스님은, 수행자는 철저하게 검소한 정신으로 공부해야 한다는 생각이 있었다. 그리고 한편으로는 더 많은 대중들이 공부할 수 있는 불사와 여건을 만들기 위한 원력을 갖고 계셨다. 넉넉지 못한 형편 속에서 그 뜻을 이루려면 작은 부식거리에 지출되는 돈까지 아껴 먹는 것을 줄이고 검소하게 살지 않으면 안 되었다.

그러한 조실 스님의 소신과 원력으로 해운정사는 절 주변의 땅을 거둬들여 선방을 넓히고 새롭게 만들어 더욱 많은 수행자들이 공부할 수 있는 환경을 만들어갔다. 조실 스님께서 너무 인색한 것이 아니냐며 반발을 하고 불평불만을 늘어놓던 수좌들도 나중에는 그 뜻을 이해했다.

여러 큰스님들을 모시고 살며 알게 된 사실이 있다. 가난하고 궁핍한 시절에 공부한 우리의 스승들은 넉넉함과 풍족함이 수행자에게 얼마나 큰 독이 되는지를 잘 알고 경계한다는 것이다. 그러기에 형편이 허락된들 그것을 절제하고 작은 것 하나 허투루 사용하는 법이 없다. 그리고 법력과 원력으로 대중들을 아끼고 보살피는 마음은 모정과도 같다. 자식들의 불평불만을 감내하면서도 콩나물값 하나라도 아껴 자식들 공부 뒷바라지에 힘을 쏟는 어머니의 마음처럼 깊고도 넓다.

그러니 한국불교에 스승이 없다고, 선맥이 끊어졌다고 통탄하기에는 이르다. 아직 우리 곁에는 자식을 보살피는 어머니의 마음으로 수행자들을 돌보는 스승들이 있기 때문이다. 그리고 무엇보다 명심해야 할 사실은, 한국불교의 흥망성쇠는 스승의 부재가 아니라 수행자들이 얼마나 성실하고 간절한 자세로 공부를 하느냐에 달려 있다. 스승의 지도와 가르침이 없어 공부를 못한다는 것은, 공부하기 싫어하는 어린애의 투정과 핑계에 불과할 뿐이다.

물음에도 예禮가 있다

해운정사의 조실인 진제 스님은 선방 수좌들을 위해 아침저녁으로 경책을 해 주셨다. 그리고 공부에 의심나는 부분이 있으면 언제든 물으라 하시며 후학들 양성에 열과 성을 다하셨다. 어느 날, 대중들이 모두 모인 자리에서 스님은 말씀하셨다.

"내게 물을 일이 있으면 물어라."

그때 한 수좌가 질문을 던졌다.

"조실 스님께서는 부처님과 같은 깨달음을 얻었습니까? 얻지 못하셨습니까?"

진제 스님은 묵묵부답으로 그 질문에 답하셨다.

한때 나도 어른 스님들께 그와 비슷한 질문을 던진 적이 있었지만, 그러한 질문은 공부하는 수좌로서 예(禮)에도 어긋나거니와 옳지 못한 질문이었다. 법의 자리에서는 스승에 대한 한 치의 의심도 없이 자기가 공부한 것을 털어놓고 법답게 물었을 때라야 스승이 답을 줄 수 있는 것이다. 스승에게 법을 묻는 것도 공부의 과정이기에 법을 물을 때는 정중한 예를 갖춰 자기 분에 맞게 물어야 한다. 그런데 자기가 수행한 것을 넘어서 상대의 공부를 확인하는 태도로 묻는 것은 수좌로서 바른 행동이 못된다.

"법을 묻는 것도 공부이고 예가 따르는 것인데, 스님의 물음은 자기 분수를 떠난 질문 같소."

입승인 나는 질문한 수좌에게 반박을 했고, 그 수좌는 그것을 서운하게 여겨 둘 사이에 잠시 원성이 오갔다.

"화두를 어떻게 들어야 옳게 드는 것인지 일러 주십시오."

또 다른 수좌의 질문에 분위기는 다시 제자리를 찾았고, 조실 스님은 화두를 드는 방법과 과정에 대해 소상히 일러 주셨다.

"화두는 무슨 화두인지 간에 간절하게 들어야 하네. 대신심을 갖고 들어야 하는 한편 대의심을 간절히 하며 분심을 내서 들어야

되네. 망상이나 혼침, 분별심, 산란심 등이 있는 상태에서 화두를 들면 공부에 진척이 없지. 단지 화두만 참구하여 용맹 정진하면 그 힘을 얻어 화두에 완전히 몰입하게 된다네. 화두가 몰입이 됐을 때는 거기서 다시 대신심을 일으켜 그대로 간절히 하다 보면 화두가 깊어져 의심이 사무치는 경지가 오게 되지. 거기서 더욱 열심히 밀어붙이면, 화두 외에 다른 생각은 일절 들어오지 않는 타성일편이 돼서 화두와 일념이 된 경지가 오네. 오직 화두에만 계속 몰입해 거기에서 화두가 타파됐을 때 견성이라……."

조실 스님의 법문이 끝난 후 앞서 질문했던 수좌는 내게 항의를 하며 서운함을 표했다.

"자네를 나무란 것은 미안하네. 하지만 법의 자리에서 어른에게 질문할 때는 자네가 공부한 것을 물어야지, 선지식의 공부를 실험해 보려는 의도로 묻는 것은 후학의 도리에 맞지 않네. 그래서 입승으로서 말을 받은 것이네."

물론 내게도 공부에 대한 상이 넘쳐 어른 스님들에게 객기를 부리던 날이 있었다. 하지만 스승의 공부와 경지를 시험해 보는 의도로, 극단적인 양변의 논리로, 무턱대고 질문을 던지는 것은 예가 아니거니와 본인에게 아무런 도움이 되지 못한다. 진정한 후학이라면 자신의 공부를 바르게 잡고 자신의 견처를 묻는 것을 목적으로 스승의 점검과 답을 구하는 것이 마땅하다.

선에서는 묵묵부답 또한 답이다. 그날 조실 스님이 왜 묵묵부답의 답을 하셨는지는 각자 생각해 볼 일이지만, 개인적으로는 '질문의 예(禮)'에 대해 다시 한 번 확인할 수 있었다. 살리고 죽이는 것이 선의 묘미이고 때에 이르면 스승도 부처도 밟고 가는 것이 공부의 과정이기도 하다. 하지만 법을 묻는 자리에서 마땅히 지켜야 할 예와 도리를 혼동해서는 안 된다.

귀와 눈이 아닌
마음을 열어라

선방 수좌라면 누구나 한번쯤은 살아보고 싶어 하는 절이 있다. 지리산의 칠불사다. 예전에는 공간이 협소해 많은 대중이 살지 못했는데, 통광 스님이 주지로 지내면서 불사를 한 덕에 그 후로는 형편이 나아졌다.

내가 칠불사에 들어간 계기는 지웅 노스님과의 인연 때문이다. 일생에 주지 한번 하지 않고 오로지 선방에서 공부만 하며 살아온 스님은, 선(禪)을 오래 한 덕 있는 어른으로 한국의 수좌를 대표하는 모범적인 수행자였다. 노쇠한 몸으로도 단 한 시간도 빠짐없이 젊은 수좌들과 똑같이 정진을 하고 공양을 하고 예불을 하며 생활하셨다.

봉암사에서 처음 뵌 지웅 노스님에 대한 존경심이 컸던 까닭에 나는 3년간 스님을 모시고 살겠노라고 약속했다. 그리고 나중에 그 약속을 지키기 위해 노스님을 찾았을 때, 칠불사에 계신다는 얘기를 듣고 찾아갔다. 칠불사에 함께 머물며 해제 때는 상좌를 시켜 약을 지어오게 해 드시도록 했고, 결제 때는 선원에서 스님을 모시고 함께 정진했다. 도반의 은사였기에 지웅 노스님은 내 스승과 다를 바 없었다. 노스님 또한 나를 당신의 상좌처럼 여기며 의지하고 아껴 주셨다. 무슨 일이 있으면 내게 부탁을 했고 소참법문과 개인적인 이야기도 많이 들려주셨다.

칠불사의 생활은 평소 흠모하던 어른을 곁에 모시고 공부하던 시절이라, 신심으로 충만하고 행복한 날들이었다. 그렇게 여든의 노스님과 깊은 인연을 이어가던 어느 날, 노스님이 선방 대중들에게 소참법문을 하고 싶다는 의사를 밝히셨다. 평생을 선방에서 공부한 수좌로서 후배들에게 들려주고 싶은 얘기가 있었던 것이다. 선방의 대중들도 대선배의 경험과 조언을 듣고 싶어 했다. 그렇게 마련된 소참법문에서 노스님은 수좌들의 기대와 예상과는 전혀 다른 법문을 하셨다.

"계율을 철저히 따르고 염불을 하는 것이 초학들에게는 도움이 될 것이네……."

화두는 제쳐 두고 계율과 염불을 권하는 노스님의 법문에 우리는 모두 자신의 귀를 의심했다. 평생을 수좌로 살아온 당신에게 선방 수좌들이 기대한 것은 당연 화두를 열심히 들라든가 화두를 어떻게 들어야 하는지에 대한 조언이었다. 하지만 노스님은 많은 초학들이 모인 자리에서 화두에 대한 언급보다는 계율을 지키고 염불을 하라는 말씀을 강조하셨다. 선방은 순간 아수라장이 되었고, 수좌들의 반발이 거세게 일어났다. 내가 주관해 마련한 자리이니만큼 그러한 뒷감당을 하기란 만만치 않았다.

"스님, 평생을 수좌로 정진하신 분께서 무슨 뜻에서 후학들에게 염불과 계율을 강조하신 겁니까?"

그러한 연유를 묻는 내게 노스님은 솔직하게 말씀을 하셨다.

"내가 평생을 공부해 보니 화두는 상근기의 수행자가 들어야 더욱 적합한 듯싶어 그런 얘길 한 걸세. 초학들은 아무래도 그러한 근기가 안 될 것 같아서 우선은 염불과 계율을 지키라고 한 것이고."

"아무리 초학이라 해도 화두를 들고 공부하는 결제 기간에 대선배께서 그런 말씀을 하시면 수좌들이 받아들이지 못합니다. 대중의 반발이 너무 거세니 다음 법문에서는 화두에 대한 이야기와 그 부분을 강조해 주셨으면 합니다."

노스님은 나의 애로사항과 부탁을 이해하시고 "그럼세" 하고 흔쾌히 약속하셨다. 하지만 다음 법문에서도 노스님은 다시 계율과 염불을 비롯해 이번에는 절을 하는 수행법까지 강조하셨다. 오롯이 화두에만 집중해 정진해야 하는 선방에서 번번이 그와 위배되는 내용의 법문을 하시니, 결국 모든 수좌들이 노스님에게 등을 돌릴 태세였다.

"스님, 저와 약속을 하시고는 어쩌자고 이번에도 화두 외에 다른 이야기만 강조하셨습니까?"

"내가 일생 동안 너무 어렵게 공부해왔기에 경험자로서 솔직한 조언을 해 준 걸세. 모든 것은 방편일세. 화두도 그러하고, 계율이나 염불, 절도 마찬가지지. 어느 단계에 이른 후에 화두를 드는 것이 효과적이라는 얘기지, 화두를 들지 말라고 한 얘기가 아니었네. 근기에 맞게 단계적으로 공부하면 나처럼 고생을 많이 하지 않고도 수행에 진전이 있을 것이라고 생각해서 진심으로 한 충고였네."

비록 선방 수좌들의 기대치를 만족시키는 법문은 아니었지만,

노스님의 법문에는 깊은 뜻이 담겨 있었다. 당신의 진심어린 충고에 반발하고 저항하는 수좌들을 보면서도 노스님은 다음 법문에서도 그러한 소신을 당당히 밝히셨다.

자신들의 기대를 매번 저버리는 법문을 하시는 노스님에게 결국 대부분의 수좌들이 등을 돌렸고, 나도 처음에는 그러한 위험을 감내하며 끝까지 당신의 주장을 펴시는 노스님을 이해하지 못했다. 하지만 그러한 고집과 솔직함 때문에 나중에는 노스님에 대한 존경심이 더욱 깊어졌다.

자신에 대해 솔직했고 후학들에 대한 사랑이 깊었던 지웅 노스님을 떠올릴 때면, 독배를 들지언정 자신의 소신을 굽히지 않았던 그리스의 철학자 소크라테스가 떠오르곤 한다.

한편 자신의 기대치와 입장만 챙기며 살아가는 우리들의 편협한 모습을 돌아보게 된다. 법문을 들을 때나 일상에서 타인의 얘기에 귀를 기울일 때도 우리가 진정 열어 두어야 할 것은 귀가 아니라 '마음'이다. 그래야 왜곡됨이 없이 상대가 전하고자 하는 진심을 보고 들을 수 있다. 마음은 닫아둔 채 귀와 눈만 빼꼼히 열어 두면 알음알이와 상(相)만 커질 뿐, 아무것도 제대로 들을 수 없고 볼 수 없다.

두 스승을 떠나보낸
아자방亞字房

지리산 칠불사에는 특별한 방이 있다. '아자방(亞字房)'이라는 곳이다. '아자방(亞字房)'은 신라 효공왕 때 담공 선사가 길이 약 8미터의 이중 온돌방을 축조하였는데, 그 방 모양이 아자(亞字)와 같아서 붙여진 이름이다.

한편 '아자방(亞字房)' 아궁이에 한번 불을 때면 3개월 동안 방이 식지 않고 따뜻하다는 얘기가 전설처럼 전해지고 있다. 방 네 귀퉁이에 한 사람씩 앉아 정진을 하기 때문에 한 철에 네 사람만 들어갈 수 있는 것도 '아자방(亞字房)'의 특징이다. 그만큼 '아자방(亞字房)'

은 남다른 각오로 치열하게 수행하기 위한 스님들이 들어가는 방이다. 내가 그 방에 들어갈 때도 그러했다. 신심과 용맹심으로 온힘을 쏟아 부어 몸부림을 쳐봐야겠다는 생각이었다.

그런데 개인적으로 '아자방(亞字房)'이 더욱 각별한 의미로 남게 된 것은, 그 방에서 지내는 동안 평소 흠모하고 존경하던 문중 두 어른을 떠나보내야만 했기 때문이다.

처음 '아자방(亞字房)'에 방부를 들여 정진할 때는 온갖 소리들이 들려왔다. "아, 여기가 그 '아자방(亞字房)'이구나!" 하는 소리에서부터, "저 방에 들어가면 스님들이 벙어리가 된다나봐" "실은 마네킹이 앉아 있는 거라네" 하는 소리까지 사람들이 지나가다 나누는 잡담 하나하나 고스란히 들려왔다.

하지만 화두에 점점 일몰이 되다 보니 어느 순간부터는 밖에서 들려오는 소리가 법문처럼 들려왔고, 나중에는 아무런 소리도 들리지 않고 고요하고 적막할 뿐이었다. 정진의 힘은 그러한 것이다. 마음을 한 곳에 집중함으로써 자신을 구속하고 묶어 놓은 마음으로부터 자유자재하게 된다. 마음의 힘으로 마음을 다스리고 자유로워지는 이치라고 할 수 있다.

칠불사 '아자방(亞字房)'에서는 정진과 마음의 힘을 새삼 실감하며, 무엇보다 시주 밥을 얻어먹고 살아가는 것에 대한 책임과 고뇌가 컸다. 그래서 좀 더 나이를 먹고 어른이 되었을 때 어떻게 회향하며 살 것인가에 대한 고민이 컸다.

그러던 중 청화 큰스님이 열반하셨다는 소식이 들려왔다. 그 소식을 듣자마자 곡성 성륜사로 달려가 다비식을 치르고 돌아왔다. 하지만 이렇게 허무한 마음을 달랠길이 없이 오로지 정진 또 정진하는 수밖에 없었다.

그런데 얼마 지나지 않아 또 다시 서옹 큰스님의 열반소식을 접하게 됐다.

"어찌할꼬, 이 일을 어찌할꼬. 이제 어찌할꼬……."

오직 그 마음밖에는 나지 않았다. 눈앞이 깜깜해지면서 정신이 혼미할 정도로 아득해졌다. 큰스님을 모시고 살면서 공부점검과 경책을 받던 일이며, 꾸중을 듣던 일, 사랑을 받던 일 등이 백양사로 향하는 동안 주마등처럼 스쳐갔다.

한편 백양사의 앞날이 걱정스럽고 깜깜하게만 느껴졌다. 백양사에 도착하니 여러 스님들이 기다리고 있었다. 큰스님과 마지막 친견을 하라는 배려에서 큰스님의 시신은 입적하셨을 때 모습 그대로 모셔져 있었다. 시자 스님이 병풍을 젖히니 큰스님은 장좌불와를 하고 열반에 드신 상태로 앉아 계셨다.

"스님, 우리 공부가 끝나지도 않았는데 이렇게 가시면 어떡합니까?"

자비롭고 평안하게 앉아 계신 큰스님을 보듬어 안고 한참을 울었다. 그러다 그 모습이 조금이라도 손상될까 걱정돼 "방이 이렇게 뜨거우면 어떡하오. 당장 불 빼시오."라고 소리쳤다. 불길 속으로 당신을 곧 떠나보내야 했기에 더욱 크게 화를 내며 소리를 쳤는지도 모르겠다.

큰스님의 다비식을 치르기 위해 전국의 수좌 스님들은 물론 재가불자들이 곳곳에서 방문했다. 그런데 다비식이 있는 전날부터 많은 눈이 내렸다. 큰스님이 그렇게 좋아하시던 눈이 마지막으로 당신의 자비를 베풀기라도 하듯 온 산천을 하얗게 덮으며 쏟아져 내렸다. 문도의 스님들과 일반 스님들, 그리고 재가불자들이 함께 조를 짜 장엄염불을 하는 속에서 다비식이 치러졌다.

사리 수습은 만암 스님 때부터 해오던 방식으로 이뤄졌는데, 백양사의 다비식은 한국불교사에서 유일하다고 할 정도로 특수하고 전통적인 방식을 고수해왔다. 그날 해인사의 율사 스님도 그러한 사실을 다시 한 번 인정하며 감탄해마지 않았다.

_ 고불총림 방장 서옹 큰스님 좌탈입망과 사리

다비식을 치른 후에는 문중회의를 통해 전국의 비구 비구니선원에 대중공양을 올리는 것으로 마지막 회향을 했다. 평생을 열과 성으로 수행자들을 지도하며 그들을 아끼고 사랑한 큰스님의 뜻을 기리기 위해서였다.

그렇게 큰스님을 떠나보내고 '아자방(亞字房)'으로 다시 돌아온 나는 불안하고 막막한 마음을 가눌 길이 없었다. 이제 큰스님이 곁에 없다는 생각을 하니 의지할 곳을 잃어버린 것 같아 더욱 죽기 살기로 정진했다. 그러한 중에 큰스님의 그림자가 벽에 나타나거나 법문으로 해 주시던 얘기가 환청으로 들리는 경계를 수없이 맞이했다. 그리움이 사무치다 보니 큰스님이 자비로운 미소로 꿈속에 나타나시기도 했다. 그러한 그리움과 혼자라는 외로움이 내게 더욱 정진하는 힘과 발심을 일으키게 했다.

백양사의 양대 큰 기둥인 두 어른이 모두 떠나신 것이다. 이제는 그야말로 무소의 뿔처럼 홀로 가는 길밖에 없었다. 스승들이 몸소 보여 주고 일러 주신 가르침에 의지해 오직 정진, 정진뿐이었다. 청화 큰스님에 이어 서옹 큰스님의 열반을 계기로 거듭거듭 발심을 일으킬 수밖에 없었다. 그리고 그분들의 빈자리에 대한 수행자로서의 책임감과 바른 회향에 대해 고심할 수밖에 없었다.

두 어른은 떠나신 후에도 그렇게 내게 정진의 힘과 수행자로서 바르게 가야 할 길을 일러 주셨다. 두 스승과의 이별로 더욱 공부에 매진할 수밖에 없었던 '아자방(亞字房)'에서의 정진. '아자방(亞字房)'은 내게 깊은 장맛으로 숙성하고 거듭나게 한 독과 같은 방이었다.

큰스님이 냉방에서 잠을
청할 수밖에 없었던 이유

백양사에서 운문암으로 올라가는 길 중턱에 '금강대'라는 토굴이 있다. 백양사 운문암에서 선원장을 맡고 있던 시절, 해제철이면 찾아가 머물던 토굴이다. 낮에는 나무를 해 땔감을 마련하고 밤에는 용맹 정진하는 단순한 일상이었지만, 그러기에 그곳에서의 생활은 더할 나위 없이 아름답고 순수했다. 아궁이에 불을 때 밥을 지으면서도, 화전을 일궈 농사를 지으면서도, 또 달밤에 토굴 주위를 산책하면서도 '무(無)' 자 화두를 들고 '이뭐꼬'를 노래하던 일이 아직도 기억 속에서 반짝반짝하게 빛나고 있다.

그러한 기억은 나의 상좌 스님들에게도 마찬가지라. 상좌 스님들은 내게 종종 그 시절의 추억에 의지해 살아간다는 말을 하곤 한다. 혼자일 때는 고요하고 적적하게 화두에 몰두할 수 있어 좋았고, 상좌 스님들과 있을 때는 함께 나무꾼이 되어 땔감을 마련하고 용맹 정진할 수 있어 행복했던 어느 날, 금강대로 서옹 큰스님의 시자가 올라왔다. 큰스님이 부른다는 전갈이었다.

"공부를 하는 거야 마는 거야? 화두는 뭣을 들고 있는 게야?"

큰스님을 찾아뵙자 스님은 내게 성을 내듯 물으셨다.

"무자 화두를 들고 있습니다."

"화두는 잘 들리고 있는 거야 어떤 거야?"

"들렸다가 안 들렸다가 합니다."

나의 대답에 큰스님은 그렇게 느슨하게 공부해서 언제 일대사를 마칠 거냐며 호통을 치셨다. 그리고는 지금 당장 올라가 밤새 용맹 정진을 한 후 다음 날 다시 오라고 하셨다. 늘 자비롭고 인자하시던 분이 그렇게 성을 내시는 모습은 처음 뵈었기에 어리둥절했지만, 큰스님의 말씀대로 밤새 용맹 정진한 후 다음 날 다시 찾아뵈었다. 그런데 큰스님은 전날과 똑같은 질문을 하시고는 화두가 들렸다 안 들렸다 한다는 나의 답에 마찬가지로 역정을 내셨다.

___ 금강대 토굴

"그렇게 시원찮게 공부해 언제 네 문제를 해결하고 참사람이 될 건가? 다시 돌아가 용맹 정진한 후 다음 날 다시 오게."

하도 역정을 내시며 공부하라고 다그치시는 통에 당황스러워 시자 스님에게 물어보았다.

"무차선회 때문에 걱정이 되시는지, 아마도 공부를 시키느라 그러시는 것 같습니다."

시자 스님의 언지에도 전후사정이 납득이 가지 않았지만, 일단은 큰스님의 다그침에 마음이 급해져 밤새 다시 용맹 정진을 하니 전날보다는 조금 자신감이 생겼다.

"어째 공부가 되는 거야 어떤 거야?"

"스님께서 여러 날 경책을 해 주셔서 미약하나마 진전이 있는 듯합니다. 첫째 날과 둘째 날보다는 화두에 집중되는 시간이 조금 늘어났습니다."

나의 답에 큰스님은 시자 스님이 언지해 준 상황에 대해 자세히 설명을 해 주셨다.

"나라가 힘들고 어려운 상황에서는 더욱이 나라를 위하고 인류를 위하는 수행자가 돼야 하네. 지금 사회 전체가 혼란과 위기에 빠져있으니 무차선회를 해야겠네. 그러니 선원장인 자네가 더욱 정진하면서 이 일을 거들어 보게."

그제야 큰스님이 그렇게 역정을 내신 까닭을 이해할 수 있었다. IMF의 위기로 나라 전체가 흔들리는 상황 속에서 큰스님이 무차선회를 열게 된 것은, 한 스님과 미국에서 온 불교학자의 제의도 있었지만, 결정적인 계기는 서울에 다녀오신 후였다. 추운 겨울, 지하철역과 길가에 누워 떨고 있는 실업자들의 모습을 보고 충격을 받으신 것이다.

그날 밤 큰스님은 당신이 주무실 방에 보일러를 틀지 못하게 했다. 추운 거리에서 잠을 청하는 노숙자들만 생각하면 가슴이 아파, 그 후로도 한동안 큰스님은 잠을 이루지 못하셨다.

백양사로 돌아와 『벽암록』을 제창하실 때 큰스님은 당시의 일을 회상하며 눈물을 글썽이셨다. 여든의 노장이 법문 중에 눈물을 보이며 말을 잇지 못하던 기억이 아직도 생생하다. 큰스님은 "경제적 위기로 회사가 부도나고 가정이 파탄 나 거리로 내몰린 노숙자들을 생각해서라도 우리 수행자들이 정말 열심히 수행하지 않으면 안 되는 일"이라고 거듭거듭 강조하셨다. 그들에게 희망을 주고 용기를 줄 책임과 의무가 수행자들에게도 있음을 당부하며 법문의 반을 눈물로 호소했다. 큰스님의 간절하고 애타는 마음이 그대로 전해졌던 그날의 법문은 많은 이들에게 깊은 공감과 감동을 주었다.

　보일러도 틀지 않은 냉방에 누워 잠을 설치셨던 그날 밤, 큰스님은 '참사람운동'에 대한 서원을 더욱 굳건히 하셨다. 그리고 한암스님 이후 처음으로 무차선회를 열어 그것을 실천할 자리를 마련하기로 결심하셨다. 모든 이들이 한 자리에 평등하게 모여 법을 묻고 구하는 무차선회는 어려운 이웃과 가정, 국가를 보살피고자 했던 큰스님의 서원이었으며 보살행의 실천이었다. 그리고 참사람운동의 실천현장이기도 했다.

산도 옮기는 원력과
협심으로

무차선회(無遮禪會)는 부처님의 덕과 자비를 평등하게 나누는 취지에서 열리는 법회다. 부처님의 보시정신에 입각해 누구든 차별 없이 법회에 참여해 법을 나누는 자리라 '무차법회'라고도 한다. 무차법회는 인도 아소카왕이 선지식을 모시고 재물과 불법을 보시한데서 유래되었다. 중국에서는 당나라 현장 스님이 무차법회를 열었고, 우리나라에서는 신라시대에 백성의 어려움과 민심을 달래기 위해 무차법회를 열어 재물을 보시했다고 전해진다.

고려시대에도 여러 차례 무차법회를 열었다는 기록이 있다. 하지만 한암 스님이 오대산에서 무차법회를 연 이후로는 열린 적이 없던 터라, 백양사에서 무차법회를 연 것은 역사적으로도 고무적인 일이 아닐 수 없었다. 더구나 IMF로 나라 전체가 커다란 위기에 빠져 있을 때 무차법회는 어려운 이웃과 사회에 힘과 위안이 될 수 있는 행사였다. 한편 서옹 큰스님의 참사람운동과 더불어 한국불교를 세계에 널리 알릴 수 있는 좋은 기회이기도 했다.

백양사 무차선회는 한국을 대표하는 고승들과 세계의 불교학자들이 모인 자리에서 대규모로 치러졌다. 고승들의 법문을 듣고, 누구든 법에 대해 궁금한 것을 묻고 답하는 법거량이 자유롭게 이뤄졌다. 한편에서는 석학들의 열띤 토론이 벌어졌고, 또 다른 한편에서는 불교문화행사와 참사람 수행결사가 진행되었다. 그야말로 한국불교의 근대사에 큰 획을 긋는 행사였다.

전국은 물론 전 세계의 많은 불자들과 스님들, 불교와 관련된 사람들이 백양사를 찾아왔다. 만여 명의 인파가 운집한 가운데서도 여러 스님들과 자원봉사자들의 헌신적인 노력과 도움으로 행사는 질서 있고 성공적으로 진행되었다.

그때 내가 맡은 소임은 집행위원장이었는데, 선방에서 죽비만

들어 본 내게는 생소하고도 어깨가 무거운 일이었다. 그래서 여러 도반들과 선후배 스님들을 비롯해 전국의 선방 수좌들을 찾아다니며 그들의 여론을 듣고 상의를 해가며 도움을 청했다. 어려운 때일수록 서로 돕고 뭉쳐야 한다는 말을 그때 새삼 실감했다.

당시 주지인 지선 스님을 비롯해 진행을 맡은 금강 스님, 미산 스님, 종묵 스님, 종림 스님 등 여러 스님들의 노고아래 많은 이들의 물질적, 정신적 후원이 따랐다. 아무런 대가 없이 백양사를 찾아와 두 팔 걷어붙이고 궂은일을 도와 준 자원봉사자들의 도움도 큰 몫을 했다.

불교계는 물론 나라 전체에 이슈가 된 행사였던 만큼, 무차선회는 웃지 못할 많은 일화와 말을 남겼다. 그중 가장 기억나는 일은, 고승법회에서 큰스님들이 "할!"이라고 외치는 법문이나 큰스님과 수좌들 간에 오간 법거량에 대한 일반인들의 시각이었다. "할"이라는 외침에 담긴 뜻이나 어법에 전혀 맞지 않는, 법거량에 대한 상식이 없는 한 매체의 기자는, 고승법회를 '외계인이 하는 소리'로 보도하기도 했다.

또 한편에서는 법거량을 마치 '짜고 치는 고스톱'처럼 이야기하기도 했다. 고승법회에 참석하신 큰스님들과 수좌들 간에 벌어진 법거량은 그만큼 진지하고 치열했으며, 행사 본연의 취지에 어긋남이 없이 말 그대로 '무차(無遮)'였다. 그리고 어떠한 형식에도 얽매임 없이 진행된 법거량은 선방 수좌들에게도 자극이 될 만큼 자유롭고 자연스럽게 이뤄졌다.

무차선회는 이외에도 많은 에피소드를 남겼다. 평생 동안 무차선회가 열리기를 기도했다는 칠순의 노 보살님은 아픈 다리를 이끌고 백양사를 찾아왔다. 죽기 전에 원을 풀었다고 기뻐하던 노 보살님은 백양사는 물론 일대 숙박업소가 동이 난 바람에 절 목욕탕 한쪽에서 잠을 자며 행사일정을 모두 보고 돌아가셨다고 한다. 또 자원봉사자로 참석했던 한 청년은 무차선회가 끝난 후 나의 상좌로 출가를 하기도 했다.

행사의 규모와 의미만큼이나 무성한 뒷이야기를 남겼던 무차선회. 불교계는 물론 한국근대사에서 찾아보기 힘든 뜻깊은 잔치였지만, 그보다 의미가 있는 것은 물질적 빈곤과 어려움이 정신적 위기와 시련이 될 수 없음을 보여 주었다는 것이다.

한편 한국불교의 위상을 세계적으로 알린 자리이기도 했던 무차선회가 백양사에서 성공적으로 마칠 수 있었던 데에는 서옹 큰스님의 원력과 많은 이들의 협심이 있었기에 가능한 일이었다. 사실 기적은 별다른 게 없다. 대중을 위한 올바른 원력이야말로 기적을 일으킨다. 산도 옮길 수 있는 게 원력의 힘이고, 단합의 힘이다. 무차선회는 그것을 여실히 보여 준 원력과 협심의 장이었다.

선방에도 형만한
아우는 없다

 사회생활에서 선후배 관계가 중요하듯 선방에서도 마찬가지다. 어찌 보면 수행자에게는 더욱 그러할지 모른다. 내가 가는 길을 앞서가는 선배들의 조언과 도움은 수행자에게 커다란 의지처와 힘이 되기 때문이다. 때론 훌륭한 선배 스님이 스승 못지않은 역할을 하기에, 형만한 아우가 없다는 말은 선방에서도 해당되는 말이 아닌가싶다. 그만큼 밥 한 술 먼저 먹은 경험과 연륜은 무시할 수 없다.

내 경우에는 수도암에서 지낼 때 구참인 선배 스님의 도움을 많이 받았다. 인복 하나는 타고나다 보니 수도암에서 보낸 첫해에는 기라성 같은 구참들과 함께 정진하게 되었다. 모범생 선배들 틈에 끼어 공부를 하다 보면 아무래도 그 기운과 영향을 받게 되는지라, 공부에 대한 열정과 신심으로 충만한 시절이었다. 선배들이 던진 말에 자극을 받아 수행에 가속도가 붙기도 했고, 공부 상(相)에 갇혀 환영 속에서 길을 헤맬 때 선배들의 이해와 도움으로 정신을 차리기도 했다. 그와 관련된 기억들을 몇 가지 떠올려 본다.

유독 눈이 많이 내렸던 수도암의 겨울은 포근하고 따뜻했다. 눈이 내리는 날이면 온 대중이 합심해 마을 가까이까지 내려가며 눈을 치우곤 했다. 말하자면 눈 치우기 울력이었다. 그런데 눈을 치우며 오가는 입담이 꽤나 쏠쏠했다.

한번은 열심히 눈을 치우던 중에 인근 마을에서 소 울음소리가 들려왔다. 그 소리에 입이 심심했던 한 수좌가 "아! 소 울음소리가 들린다."라고 말을 꺼냈다. 장난기가 발동한 나는 그 말에 "내 귀에는 법문 소리로 들린다."라고 받아쳤다. 그런데 그때 위쪽에서 눈을 치우며 내려오던 구참 혜국 스님이 내 말을 다시 받아 "소 울음으로 들리는 것도 한 방망이고, 법문으로 들리는 것도 한 방망이다!"라고 외쳤다. 순간 "웬 방망이?"라는 강한 의구심과 함께 눈이 번쩍 떠졌다. 그야말로 한 방망이를 세게 후려 맞은 느낌이었다.

그 일을 계기로 공부에 대한 열의와 구도심에 더욱 강한 불이 붙었다. 한편 '선덕(禪德)'인 구참 스님들과 지내니 이런 덕을 보는구나!'라는 생각과 함께 감사한 마음이 일었다. 울력이 끝나기가 무섭게 법당으로 달려가 한참 동안 절을 했다. 그리고 그날부터 마지막 정진이 끝나는 대로 법당으로 자리를 옮겨 홀로 밤새 정진을 했다.

또 어느 날은 이런 일도 있었다. 선방 스님들이 의견을 모아 성철 스님의 법문을 테이프로 돌려 들으며 공부를 하기로 했다. 그래서 토굴에 모여 「백일법문」 테이프를 듣는데, 성철 스님 말씀 가운데 "공부를 활발발하고 무애자재(無碍自在)하게 해야 된다."는 법문이 나왔다. 학인 때는 성철 스님의 빠르고 걸진 사투리와 어려운 내용 때문에 법문을 이해하기조차 힘들었는데, 그날은 어인 일인지 그 말씀 한 마디에 의식이 확 뒤집어지는 느낌이었다.

그 법문을 듣고 나오면서 어찌나 힘이 넘치던지, 불에 기름을 쏟아 부은 것마냥 활활 타올랐다. 그럴 때는 행선을 충분히 한 후 좌선에 들어가야 하는데, 불현듯 선덕으로 소문난 혜국 스님이 떠올라 그의 방으로 직행했다. 그리고는 "혜국 스님 나와라. 나와서 한번 일러보시오."라고 소리쳤다. 혜국 스님은 공부기운이 뻗친 것을

__ 수도암 선원 시절 눈 치우기 울력을 마치고

알아보고는 "일수 스님, 일단 앉아서 얘기하시게. 내가 답을 못하면 성철 스님에게 당장 데려갈 테니 차분히 앉아 보시게!"라며 나의 기운을 다독이며 진정시켰다. 한참 동안 눈물을 쏟아낸 후에야 선배 스님에게 난동을 부리며 실수를 한 생각이 들었다. 곧바로 법당으로 가 한 차례 다시 눈물을 쏟으며 앉아 있다가 혜국 스님을 찾아가 사죄했다.

"죽비를 잡고 있는 입승이 제 기운 하나 추스르지 못하고 이런 모습을 보였으니 제가 떠나겠습니다."

"수좌가 정진을 하다 보면 그런 일은 얼마든지 있을 수 있는데, 그만한 일로 소임을 놓고 떠난다는 게 말이 되오."

혜국 스님은 나의 실수를 너그럽게 이해하며 내게 다시 용기를 불어 넣어 주었다. 후배의 실수를 따뜻하게 감싸 안고 수행자들을 위호하던 그는 역시 소문답게 '선덕'이었다. 그 일을 계기로 그에 대한 믿음과 존경심이 깊이 자리잡았고, 그는 내게 아직도 모범적이고 바른 수행자의 모델로 남아 있다.

구참 스님에게 신세를 진 일은 이뿐만이 아니다. 하루는 정진을 하는 중에 수도암 도량에서 황금 주장자가 빙빙 돌고 있었다. 정신없이 도는 황금빛 주장자 주변으로는 불이 활활 타오르고 있었다.

혼침에 떨어져 경계를 만난 것이다. 하지만 그 당시 내겐 눈앞에서 생생하게 펼쳐지고 있는 실제 상황이었다. 그래서 나는 불 가운데에서 돌고 있는 황금 주장자를 잡기 위해 소리를 지르며 불길로 뛰어들다가 정신을 잃고 말았다. 옆에 있던 도반 스님이 나를 우물가로 데려가 어깨를 두드리고 물을 몇 바가지 먹인 후에야 정신이 들었다.

남들과 똑같이 수행을 하면서도 걸핏하면 소란을 피우는 게 민망스럽고 미안해 혼자 조용히 포행을 다니며 정진하던 중에 혜국 스님을 만났다. 스님은 내게 "일수 스님, 불을 만났죠?"라고 물으며 빙그레 웃었다. 혜국 스님은 현실과 다름없던 그때 상황을 이미 알고 있었다. 내가 설명을 하지 않았는데도 말이다.

그렇다. 길을 앞서가는 자는 뒤에 오는 자가 어떤 경계와 장애를 만나게 될지 훤히 알고 있다. 그래서 어디에 어떤 장애물이 있으니 조심하라고 일러 줄 수도 있고, 장애물을 넘어온 이들의 심정을 십분 이해하고 진심으로 격려해 줄 수 있다. 그래서 선배는 스승보다 가깝고 마음의 의지처가 되는 또 다른 이름의 스승인 것이다. 그러니 선방에서도 형만한 아우가 없는 듯싶다.

빈부 중생 속에
'밥값'에 대한 화두를 들다

무문관(無門關)은 말 그대로 문이 없다. 음식을 넣는 구멍 외에는 모든 문을 걸어 잠그고 참선에만 힘쓰는 선방이다. 좀 더 치열하게 수행할 필요가 있다고 느낀 나는 무문관에 들어가 정진을 하기로 마음먹었다. 그래서 찾아간 곳이 갑사에 있는 대적전 무문관이다.

갑사는 일반적인 무문관보다는 자유로운 곳이라, 예불이나 도량 청소, 법당에 마지를 올릴 때는 방문 밖을 나올 수가 있었다. 내가 머문 무문관 옆에는 법당이 있었고, 법당은 나의 책임구역이었다.

법당에서 예불과 마지를 올리고 대중과 울력을 하고 화장실 청소를 하는 시간을 제외하고는 방 안에서 정진만 했다. 무문관에 입방한 만큼 여느 때보다 시간 안배를 철저히 하고 흐트러짐 없는 생활을 유지했다. 그러던 어느 날, 갑사의 주지 스님이 나를 찾아와 도움을 청했다.

"무문관에 있는 스님이 무얼 도울 수 있겠습니까?"

의아해하는 내게 주지 스님은 전후 사정을 설명했다. 갑사를 주제로 한 다큐멘터리를 찍게 됐는데, 갑사에서 공부하는 수좌를 대표해 무문관 생활에 대해 인터뷰를 해달라는 것이었다. 결제중이라 내키지는 않았지만 워낙에 포교에 원력을 갖고 있는 주지 스님의 부탁이라 수락할 수밖에 없었다.

그리고 다음 날 저녁 무렵, 촬영팀이 무문관으로 찾아와 차(茶)를 달라고 했다. 그들의 요구에 차를 대접하며 몇 가지 질문에 답을 해줬는데 그 장면이 방송으로 나갔고, 이후 종무소 행정이 마비될 정도로 전화가 빗발쳤다. 어떤 사람은 나를 만나기 위해 직접 찾아오기도 했다. 매스컴의 위력은 실로 놀라웠다. 덕분에 한철 공부를 완전히 망치고 말았다. 그래도 절에는 물론 불교와 선에 대해 궁금해 하는 사람들에게 도움이 될 수 있었기에 그것으로 흡족해하며

__ 미황사 수련회 참선지도 중

마음을 잡고 공부를 이어갔다. 그러다 현재 내가 기거하고 있는 서울 법천사와 인연이 닿게 됐다.

성북동 작은 골목 어귀에 자리한 법천사는 내게 도심의 삶과 그로 인한 배움을 얻게 한 고마운 토굴이다. 청주에 있는 한 보살님이 방송을 통해 내 소식을 접하고는 그곳을 소개해 주었다. 사실 보살님을 따라 처음 성북동에 갔을 때는 마음 한편이 불편하고 내키지 않았다.

성북동이라고 하면 부자 동네로 생각하기 쉽지만, 법천사는 부자 동네에서 가난한 달동네로 이어지는 비탈진 골목 귀퉁이에 위치하고 있었다. 한쪽에는 대궐 같은 집들이 자리한 반면, 다른 한쪽은 언제 재개발될지 모르는 형편의 집들이 들어차 있다. 심지어 법천사 맞은편에는 아직도 연탄불을 때는 움막살이도 있다. 그야말로 빈부의 격차가 적나라하게 갈라져 중생들의 다양한 삶을 실감할 수 있는 곳이다.

그러한 환경부터가 마음에 끌리지 않았는데, 법천사 작은 마당에 발을 들여놓는 순간 언제 그랬냐는 듯 그저 좋다는 느낌뿐이었다. 재개발이 되면 언제든 걸망지고 떠나야 하지만, 인연이 닿을 때까지는 '내가 살 곳'이라는 확신이 들었다. 많은 사람들에게 법을 전하고 함께 공부해 가기에 그만한 도량은 없는 듯싶어 그곳에 바로 둥지를 틀었다.

반평생이 넘도록 남들의 도움으로 수행만 했으니, 이순(耳順)을 바라보는 나이에는 적어도 그들에게 진 빚을 조금이라도 갚아야겠다는 생각이 들었다. 아마도 법천사와의 인연의 뜻은 '밥값'이 아니었나 싶다. 산중에서 공부만 하는 걸사로 살아온 내가 그동안 진 빚을 얼마나 청산할 수 있을지는 미지수다.

하지만 분명한 것은 하필이면 이곳, 가진 자와 없는 자의 삶이 묘하게도 어우러지는 이곳에서의 삶이 내게 '밥값'에 대한 화두를 들게 했다는 것이다. 그 화두를 해결하기 위해 내가 할 수 있는 일은, 그동안 공부한 것을 여러 사람들과 나누는 일이다. 참선을 지도하고 부처님의 법과 참된 자아를 찾는 참사람운동을 알려 중생들이 겪는 고통과 그들의 불안하고 위태로운 정신에 건강과 평안을 찾아 주는 것이다.

수행자라면 마땅히 가져야 할 바람과 소명이, '밥값'에 대한 화두가 간절하고도 간절하여 한순간도 끊어지지 않기를 바래본다.

선방 수좌의 좌충우돌
서울 상경기

성북동 법천사에서 시작된 서울살이는 쉽지 않았다. 시골에서 태어나 시골에서 자라고 산에서만 생활한 선방 수좌에게 번잡한 도시환경은 그 자체가 맞지 않았다. 한 번도 도시에서는 생활해 본 적이 없는지라, 도시 사람들이 어떻게 살고 있고 그들을 어떻게 대해야 하는지도 몰랐다. 그러니 참선을 지도하고 법을 알리는 포교에 뜻이 있다한들 막막하기만 했다.

하지만 그토록 낯설고 생소한 도시생활은 산중에서는 알 수 없는 많은 것을 알게 해 주었다. 무엇보다 사람들과 그들의 고된 삶이 보였다. 절에 찾아오는 이들의 살아가는 이야기를 들어주다 보니 그들이 얼마나 힘들게 살아가고 있는지를 알게 됐다. 현실을 살아내기 위해 중생들이 얼마나 피땀을 흘리는지, 그러한 노력으로 가정을 건사하고, 쓰고 싶은 곳에 안 쓰고 아낀 돈으로 스님들에게 공양을 올리는지도 알았다.

막연하게 알고 있던 것이 구체적이고 생생한 그림으로 다가오면서, 스님들이 절대 허투루 살면 안 되겠다는 각성과 다짐을 재차 했다. 사실 선방에서 수좌로만 살다 보면 그러한 중생들의 삶을 가까이에서 느끼기 힘들다. 그러니 화두만 들고 공부해 온 내게 서울살이는 하루하루가 생소한 만큼 승려로서의 책임감을 크게 일깨워 주었다.

포교에 있어 모든 것이 서툴기만 했던 나는, 절에 오는 신도들과의 관계 속에서 본의 아니게 상처를 주고받기도 했다. 불자로서 반듯한 심성과 예의를 길러 주고 싶은 마음에 잘못된 것을 나무랐다가 서운함을 주기도 했고, 일반인의 삶을 깊숙이 이해하지 못한 탓에 상처를 주기도 했다.

한편 그러한 오해로 스스로 상처를 받기도 했다. 스님이라는 상(相)으로 무언가를 가르치려는 마음이 앞서다 보니 사람들에게 본의 아니게 불편함과 부담을 준 것이다. 하지만 그러한 실수와 아픔의 과정이 있었기에 법천사의 문턱은 더욱 낮아질 수 있었다. 마음공부에 관심 없는 이들에게는 아무런 이익도 인연도 없는 곳이지만, 참선에 관심 있고 그것을 배우고자 하는 이들에게는 언제든 활짝 열려있는 곳이 되었다.

그리고 보면 포교는 스님이 일반인들에게 일방적으로 법을 가르치는 것이 아니라, 그 속에서 또 다른 형태의 가르침을 받는 공부다. 참선 수행 못지않은 공부의 연장선이다.

매주 일정한 요일을 정해 사람들에게 참선을 지도하고, 여러 절에 법문과 강의를 다니면서 배우는 것이 많다. 처음 법천사에 둥지를 틀고 한 일은 달마대사의 어록을 강의하는 것이었는데, 선방 수좌 시절에 신심을 유지하고 계속해서 공부에 발동이 걸리게 하기 위해 소설 읽듯 했던 『달마혈맥론』과 『달마관심론』, 『달마이입사행론』 등을 번역하여 강의를 했다. 고맙게도 전국의 스님들 백여 명이 법천사에 모여 함께 공부해 준 덕분에 성공적인 회향을 마칠 수 있었다.

그런데 달마의 어록을 강의한 일은 무엇보다 나 자신에게 큰 도움이 되었다. 그동안 공부했던 것을 다시 한 번 정리하는 기회가 된 것이다. 누군가에게 무엇을 가르친다는 것도 결국 배움의 과정이라는 걸 새삼 깨달았다.

법천사에 살면서 무엇보다 행복한 순간은 어린아이들에게 참선을 지도하는 시간이다. 청소년과 어린이들에게 명상을 지도하다 보면 어느새 그들의 순수한 동심에 이끌려 부처님의 가피를 받은 것과 같은 환희심을 느끼곤 한다. 아이들은 누구보다 솔직하고 맑다. 그리고 질문도 많다. 가장 많이 받는 질문 중 하나는 "왜 이런 걸(명상) 해야 해요?"라는 물음이다.

"우선은 마음이 편해지고 지혜가 생겨서 행복해지거든. 그리고 집중력이 길러져 공부도 잘하게 되지."

나의 설명에 처음에는 "과연 그럴까?"라며 반신반의하던 아이들에게 실제로 많은 변화가 생겼다. 산만하고 들떠있는 성격이 차분해지면서 집중력이 향상되어 성적에도 변화가 생겼다. 명상이 성장기 아이들의 심성교육에 얼마나 지대하고 중요한 역할을 하는지를 알게 하는 단적인 예라고 할 수 있다.

물론 말썽 많은 아이들이 처음부터 내 말에 귀를 기울이고 따라준 것은 아니다. 어린이들의 경우는 보통 이십 분 좌선하고 십 분간 포행하는 식으로 공부를 시키는데, 게으름을 피우거나 딴 짓을 하는 경우가 많다. 하지만 내 모습이 보이면 죽비로 경책을 받지 않기 위해 금세 자리를 고쳐 앉는다. 잠시도 가만히 있지 못했던 몸놀림을 조신하게 고정시키고 앉아 있으려니 이내 거북함과 불편함이 들어 그러한 표정을 감추지 못하지만, 스님을 생각해서라도 잘해 보려고 애쓰는 아이들을 보면 천진한 불보살들이 따로 없다. 그 속에서 조금씩 명상에 익숙해지는 아이들을 보면 신이 나고 기특할 뿐이다.

좀 더 다양하고 흥미로운 방법으로 참선을 지도하고 싶어 나중에는 질서와 예절교육을 병행했다. 가령 자기가 벗어놓은 신발이나, 깔고 앉아 있던 좌복을 정리정돈하게 하고, 보시와 기도의 기쁨을 알려 주기 위해 작은 돈이나 선물 등을 나누어 주어 부처님 전에 공양을 올리게 하거나 자신의 희망사항이나 미래를 그리며 기도하는 연습을 시키기도 한다. 그러한 노력 덕분인지, 처음엔 절에 오는 걸 지루해 하던 아이들이 이제는 먼저 절에 가자며 부모님을 조르곤 한단다.

또 스님을 어렵게만 생각했던 아이들이 지금은 내 머리 꼭대기에 올라앉아 장난을 치며 여유를 부리기도 한다.

"스님, 오늘은 공부를 조금만 합시다."

"스님, 차 한 잔 마시면서 놀다가 해요."

그렇게 사람들과 어우러지는 속에서 시작한 경전강의와 참선지도가 올해로 7년째에 접어들었다. 작은 절을 운영하더라도 경제마인드 없이는 살림을 꾸려가기가 힘들다는 것을 뼈저리게 느끼면서 산중으로 돌아가고픈 마음이 굴뚝같던 때가 엊그제 같다. 다행히도 내가 배운 것을 필요로 해 준 많은 이들의 도움이 따랐기에 여기까지 올 수 있었다.

법천사에서 시작된 참선지도와 법문, 경전강의가 이제는 조계사와 길상사 등 여러 절로 확대되어 수행자로서 한시도 게으름을 피울 새가 없게 되었다. 그러니 얼마나 다행이고 고마운 일인지 모르겠다. 앞으로는 서옹 큰스님의 참사람운동을 구체적인 방안과 노력으로 전개해 볼 계획도 갖고 있다.

그런데 밥값을 하러 상경했다가 되레 외상값만 늘어나는 것은 아닌지 걱정과 의문이 따르곤 한다. 스승들에게 받은 가르침을 여러 대중들과 나누다 보니 그 속에서 얻어지는 배움이 더욱 컸기 때문이다. 하지만 염치가 없더라도 사람들과 '하나'되는 공부를 위한, 좌충우돌 서울 상경기는 당분간 계속 될 듯싶다.

행복한 산승의 일기

1판 1쇄 발행 2012년 5월 15일
1판 3쇄 발행 2015년 3월 9일

지은이 │ 일수
펴낸이 │ 이태호
펴낸곳 │ 클리어마인드

출판등록 제 300-2005-54호
주소 │ 서울시 종로구 삼봉로 81 두산위브파빌리온 736호
전화 │ (02) 2198-5151
팩스 │ (02) 2198-5153

ⓒ 일수, 2012

ISBN 978-89-93293-30-2 03220

값 12,000원

- 잘못된 책은 교환해 드립니다.
- 이 책은 저작권법에 따라 보호받는 저작물이므로 무단전재와 복제를 금지하며,
  이 책 내용의 일부를 이용할 때도 반드시 지은이와 본 출판사의 서면동의를 받아야 합니다.
- 클리어마인드는 (주)지오비스의 출판브랜드입니다.
- 이 책의 인세수익금은 참사람운동 및 불교 발전을 위하여 사용합니다.